最新 水素エネルギーの仕組みと動向がよ〜くわかる本

新エネルギーの現在と未来図がわかる！

今村 雅人 著

秀和システム

はじめに

　水素社会への扉が、今まさに開かれようとしています。ここでいう水素社会とは、水素の利用が社会の中に広く浸透し、水素がエネルギー供給の重要な役割の一端を担う社会のことです。

　気候変動問題への懸念が高まる中、地球温暖化防止の国際的な枠組みである「パリ協定」の適用が始まり、日本も国際社会に対し責任ある貢献が求められています。脱炭素社会を目指すことは世界的な潮流となっており、エネルギーシステムの改革は待ったなしの状況になっています。そして、新しいエネルギーシステムの柱として期待されるのが、再生可能エネルギーと水素エネルギーなのです。

　水素を燃料として燃やしたり、燃料電池で発電したりしても、二酸化炭素の排出はまったくありません。また、水素をエネルギーキャリアとして利用すれば、再生可能エネルギーの大量導入をサポートできます。

　一方、日本では1970年代から水素エネルギーの技術開発が進められてきました。そして今では、水素の製造、輸送や貯蔵、供給や利用に関するさまざまな技術が実用化段階に達しています。

　以上のような社会的な要請や技術の成熟度からみて、「近い将来、水素社会の到来が現実のものになる」と、筆者は確信しています。

　さて、本書では、そもそも水素や水素エネルギーとは何かという基本的なところから、水素エネルギーの最新動向やビジネスの全体像、水素の製造や輸送・貯蔵、燃料電池や燃料電池自動車、水素発電、CO_2フリー水素、さまざまな実証プロジェクト、水素社会の未来図まで、図を豊富に使用してわかりやすく解説しています。

　本書は読者ターゲットとして、水素エネルギーとその動向に関心のあるビジネスパーソンや学生を想定しています。もう少し具体的に言えば、エネルギー業界の関係者やコンサルタント、脱炭素社会や水素エネルギーの活用に関心のある人、成長分野で新規事業のネタを探している人などに向けて書かれています。

　本書を通して、読者の皆さんの水素エネルギーに関する理解が深まり、それぞれの立場から仕事、学習、知的好奇心の充足などに役立てていただければ、たいへん嬉しく思います。

2020年8月

今村　雅人

図解入門ビジネス
最新 水素エネルギーの
仕組みと動向がよ〜くわかる本

CONTENTS

第3章 水素エネルギービジネスの全体像

第4章 水素の製造

第5章 水素の輸送・貯蔵

第6章 燃料電池

第7章 燃料電池自動車

第8章 水素発電

第9章 CO₂フリー水素

第10章 **水素社会へ向けて**

第 1 章

水素エネルギーの基本

　いま次世代のエネルギーとして、「水素」に注目が集まっています。

　水素を用いて燃料電池で発電したり、水素を燃焼させて熱エネルギーとして利用したりする際、二酸化炭素の排出が一切ありません。このため、化石燃料から水素へエネルギーの転換を進めることで、地球温暖化を抑制する効果が期待できます。

　また、水素はさまざまな資源から多様な方法で製造することができるため、エネルギー安全保障の面でも役に立ちます。

　さらに、水素をエネルギーキャリアとして利用することで、太陽光や風力発電の大量導入を後押しすることも可能です。

そもそも水素とは？

気候変動問題や資源エネルギー問題を同時に解決できる、クリーンかつ汎用性の高いエネルギーとして、「水素」に大きな期待が寄せられています。ここでは、水素とはどんな元素なのか、どんな物性や特長を持っているのか、について解説します。

▶▶ 水素とは？

水素の原子番号は1番で、元素の周期表の一番目に出てきます。水素原子は、原子核に陽子が1個、その周りを回る電子も1個で構成されており、すべての元素の中で最も単純な構造をしています。

水素の元素記号は「H」であり、水素原子が2つ結びついたものが水素分子「H_2」になります。自然界で水素分子の状態として存在することはほとんどありませんが、水や他の元素との化合物として、地球上に大量に存在しています。

一方、水素は宇宙で最も豊富に存在している元素であり、質量では宇宙全体の約70％を占めると言われています。太陽を始めとして、宇宙の恒星のほとんどが水素の核融合反応によって光っています。

▶▶ 水素の物性は？

図は水素分子の主な物性を示しています。水素は、無色・無臭・無味の気体であり、空気に対する比重は0.0695で最も軽い気体になります。また、水素には素早く拡散するという特性もあります。沸点は−253℃であり、水素を液化するには、−253℃まで冷却する必要があります。

発火点はガソリンの500℃に対し、水素は527℃であり、自然発火しにくいガスと言えます。水素は可燃性ですが、他の可燃性ガスのように炎の色を見ることはできません。

水素の最も注目すべき特性として、燃焼しても二酸化炭素（CO_2）や大気汚染物質を全く排出せずに、空気中の酸素と反応して水になるという、クリーンなエネ

ルギーであることがあげられます。

►► エネルギー資源としての水素の特長

　水素が注目される理由として、前述の、燃焼しても水に戻るだけでCO₂や大気汚染物質を排出しないクリーンエネルギーである点だけでなく、次のような特長を持つことがあげられます。

　まず、水素は水や化合物として地球上に無尽蔵に存在するため、枯渇する心配がありません。次に、宇宙ロケットの燃料に使われるほど、エネルギーとして大きなパワーを持っています。さらに、大容量電力の長期貯蔵など、二次エネルギーとしていろいろな用途に使えます。そして、海外の未利用エネルギーや豊富な再生可能エネルギーなどの安価な資源から水素を作って利用すれば、エネルギーコストを抑制しつつ、エネルギーとその調達先の多角化につなげることができ、エネルギー安全保障に役立ちます。

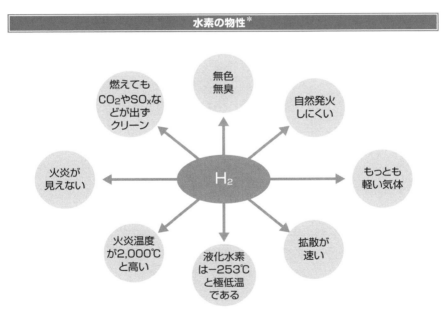

水素の物性*

無色無臭

燃えてもCO₂やSOₓなどが出ずクリーン

自然発火しにくい

火炎が見えない

H₂

もっとも軽い気体

火炎温度が2,000℃と高い

液化水素は−253℃と極低温である

拡散が速い

＊…の物性　岩谷産業「水素エネルギーハンドブック」（2019年3月）p.14より。

1-2

水素は何に利用できるの？

　もともと水素は、さまざまな産業で化学原料として利用されてきました。近年では、燃やしてもCO_2を排出しない、究極のクリーンエネルギーとして期待が高まっています。ここでは、産業における水素利用、水素のエネルギー利用について解説します。

▶▶ 産業での水素利用

　水素はさまざまな用途に使われます。図の左側から中央は産業で既に商用化されている用途、右側はこれからエネルギーとしての水素利用の増加が期待される用途を示しています。まず、水素の産業用途からみていきましょう。

　石油業界では、製油所でガソリン・軽油・灯油などの石油製品を製造しており、この石油精製プロセスにおいて水素を大量に製造した上で、それを利用して水素化処理（水素化精製、水素化分解）を行っています。たとえば、水素化精製では、石油製品の性状安定化などのために不飽和炭化水素を飽和化したり、石油製品の規格を満たすため、および石油精製プロセス後段の触媒保護のために硫黄・窒素・酸素分を除去したりします。

　石油化学業界では、プラスチックなどの樹脂生成の添加剤として、水素を利用しています。また、肥料の原料となるアンモニアの製造には、大量の水素が必要になります。

　鉄鋼業界では、製鉄所でステンレス鋼などの表面をピカピカにする光輝焼鈍用の添加剤として、水素を利用しています。また、熱処理炉で金属の特性を変化させる金属冶金では、水素を還元剤として用いています。

　このほか、光ファイバー、半導体ウエハー、太陽電池シリコン、液晶・プラズマディスプレイなどの製造には、還元用の雰囲気ガスやキャリアガスとして、高純度の水素が必要になります。また、身近なところでは、マーガリンやサラダオイルなどの油脂硬化剤、および化粧品、洗剤、香料、ビタミン剤などの原料の一部として

も、水素が使用されています。

　このように、水素は化学原料として産業用に広く使用されているのです。

▶▶ 水素のエネルギー利用

　次に、水素のエネルギー利用は、燃料電池で電力を作り出す方法と、水素を燃やして使う方法の2つに分けられます。

　燃料電池で電力を作り出す方法としては、エネファームや純水素型燃料電池コージェネなどの定置用燃料電池システム、および燃料電池自動車（FCV）、FCバス、FCフォークリフトなどがあげられます。FCVなどのモビリティでは、燃料電池で作った電気が動力源になります。

　水素を燃やして使う方法としては、水素発電があげられます。水素発電では、水素を燃焼させた熱エネルギーを使って大型タービンを回し、発電を行います。現在、水素と他の燃料ガスとを混合して発電する混焼発電について、実証が進められています。また、水素のみで発電する専焼発電の技術開発も進められています。

水素の用途*

＊…の用途　岩谷産業「水素エネルギーハンドブック」（2019年3月）p.15より。

水素はどうやって作るの？

水素はそのままの形では地球上に存在していないため、水素をエネルギーとして活用するには、何らかの方法で人工的かつ大量に作り出す必要があります。ここでは、主な水素の製造方法について解説します。

▶▶ 多様な水素の製造方法

図に示す通り、水素はいろいろな方法で作ることができます。どの方法においても、水素原子を含んだ原料を適切なやり方で分解することにより、水素を取り出します。現状では、石油や天然ガス、あるいはLPガスを分解して、水素ガスを取り出すのが一般的な方法です。この方法は広く実用化されており、一定の経済性もありますが、水素の製造過程でCO_2が発生するというデメリットがあります。

いま最も期待を集めているのは、太陽光や風力などの再生可能エネルギーを使い、水を電気分解して水素ガスを取り出す方法です。この方法であれば、水素の製造過程でCO_2を排出することがありません。

▶▶ 化石燃料から製造

石油(ガソリン、灯油、ナフサ)や天然ガスといった化石燃料から水素を製造する方法としては、水蒸気改質法や部分酸化改質法などのプロセスが実用化されています。日本では経済性の観点から、ナフサの水蒸気改質が主流となっています。

水蒸気改質法では、化石燃料から水素と一酸化炭素を発生させ、さらにシフト反応により一酸化炭素と水蒸気から水素を発生させる二段階のプロセスとなっています。得られた粗水素を圧力スイング吸着、膜分離などのプロセスで精製し、高純度の水素を製造します。

▶▶ 工業プロセスの副産物

ソーダ工場における食塩水の電解プロセス、製鉄所におけるコークスの製造プ

ロセス、製油所における石油精製プロセス、石油化学におけるエチレンの製造プロセスなどの工業プロセスから、副次的に水素が得られます。これらの副生水素は、主に工場内の他のプロセスの原料やエネルギー源として利用されています。

▶▶ バイオマスから製造

　森林資源や廃材などのバイオマスを原料にします。バイオマスを高い温度まで熱して水蒸気と反応させ、水素を発生させます。その際、水素以外のガスも発生するため、分離する作業が必要となります。

▶▶ 水の電気分解

　水を電気分解することで、水素が得られます。水電解で得られる水素は純度が高いという特長がありますが、電力が必要となります。太陽光や風力などの再生エネから作った電気を使用すれば、CO_2フリーで水素を製造することができます。

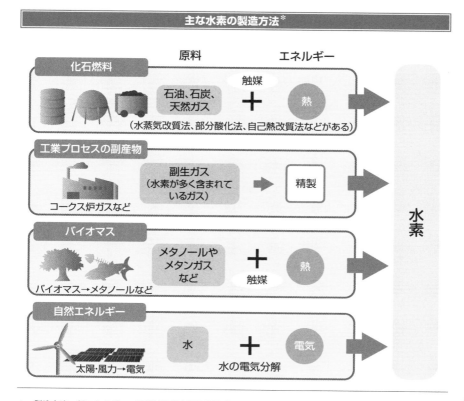

主な水素の製造方法*

化石燃料
原料　　　エネルギー
触媒
石油、石炭、天然ガス ＋ 熱
（水蒸気改質法、部分酸化法、自己熱改質法などがある）

工業プロセスの副産物
コークス炉ガスなど
副生ガス（水素が多く含まれているガス） → 精製

バイオマス
バイオマス→メタノールなど
メタノールやメタンガスなど ＋ 触媒 熱

自然エネルギー
太陽・風力→電気
水 ＋ 電気
水の電気分解

水素

＊…**製造方法**　新エネルギー・産業技術総合開発機構「NEDO水素エネルギー白書」p.5より。

1-4
エネルギーキャリアとしての水素

二次エネルギーとしての水素には、貯蔵して輸送することができるという優れた特性があります。ここでは、二次エネルギーとは何か、電気と水素の関係、エネルギーキャリアとしての使用方法などについて解説します。

▶▶ 水素は使いやすい二次エネルギー！

一次エネルギーとは、自然界に存在するままの形でエネルギー源として利用されるものをいい、石炭・石油・天然ガス等の化石燃料、原子力の燃料であるウラン、太陽光・風力・バイオマス・地熱・水力等の再生可能エネルギーなどがあげられます。

これに対し、**二次エネルギー**は、一次エネルギーを変換・加工して、用途に合わせて使いやすくしたものをいい、電気・都市ガス・ガソリン等があげられます。水素も電気などと同じように、一次エネルギーを用いて使いやすい形に変えられた二次エネルギーになります。

電気は使いやすい二次エネルギーであり、今後もその重要性が低下することはありません。ただし、電気は作ると同時に使用する必要があり、貯蔵や長距離輸送には向いていない二次エネルギーでもあります。水素エネルギーは、このような電気の欠点を補うことができます。

電気は大量に貯蔵することが困難であるのに対し、水素は大量貯蔵が比較的容易です。また、電気を運ぶには送電線が必要ですが、水素は送電線のない場所にも輸送することができます。たとえば、太陽光や風力発電で生じた余剰電力を使って、水を電気分解して水素を作って貯蔵しておき、必要に応じて水素から電気を取り出して使えば、安定的で効率的な電力システムを構築することができます。

▶▶ エネルギーキャリアとして使用するには？

エネルギーキャリアとは、エネルギーの輸送・貯蔵を担う化学物質のことをいいます。上述したように、水素は貯蔵・輸送して利用できるため、有用なエネルギー

キャリアであるといえます。ただし、水素は体積当たりのエネルギー密度が天然ガスの1/3程度と低いため、これをどのような手段で高い密度に維持しつつ、貯蔵し輸送するのかが課題になります。

　水素の供給地と需要地に一定の距離がある場合には、水素を高圧で圧縮し、それをシリンダーに詰めて、トレーラーで輸送する方法が普及しています。また、水素ガスは液化すると、体積が1/800に小さくなるため、水素を大量に輸送・貯蔵する場合は、液化水素の形にします。水素を−253℃まで冷却することで液化させ、輸送・貯蔵を行う方法が実用化されています。

　一方、有機ハイドライドによる水素の輸送・貯蔵について、実証プラントでの実証が進められています。この方法は、水素をトルエン等の有機物に化合させて有機ハイドライドの形で輸送・貯蔵を行うもので、常温常圧の液体として取り扱うことができるなどの利点があります。

エネルギーキャリアとしての水素

一次エネルギー
化石燃料　原子力　再生可能エネルギー

二次エネルギー
水の電気分解
水素　電気
燃料電池

貯蔵
輸送

エネルギーキャリア
液化水素
圧縮水素
有機ハイドライド
アンモニア

1-5
水素エネルギーの活用

電気や熱に加えて、将来の二次エネルギーとして、中心的な役割を担うことが期待されているのが水素です。水素をエネルギーとして活用することにより、エネルギーセキュリティの向上やCO$_2$の排出削減につなげることができます。

▶▶ 将来有望な二次エネルギー

第5次エネルギー基本計画では、2030年に向けた基本的な方針と政策対応の中で、**エネルギー政策の基本的な視点**（3E＋S）を示しています。それによれば、「エネルギー政策の要諦は、安全性（Safety）を前提とした上で、エネルギーの安定供給（Energy Security）を第一とし、経済効率性の向上（Economic Efficiency）による低コストでのエネルギー供給を実現し、同時に、環境への適合（Environment）を図るため、最大限の取り組みを行うことにある」としています。

このようなエネルギー政策の基本的な視点に沿うのが、水素エネルギーの活用です。水素は多様なエネルギー源から製造が可能であることに加え、利用段階においてCO$_2$の排出がありません。したがって、水素はエネルギーの安定供給や環境への適合に貢献できる、将来の有望な二次エネルギーであると考えられます。言い換えれば、水素をエネルギーとして活用することで、エネルギーセキュリティの向上や環境負荷の低減につなげることができます。また、水素エネルギーの活用を通じて、経済効率性の向上を達成できれば、それは日本の水素エネルギー分野における国際的な産業競争力が強化されたことを意味します。

▶▶ 水素利用の方向性

図は、経済産業省が考える水素による一次エネルギー供給構造の変革、および水素利用の方向性を示しています。

現状、日本では、一次エネルギーの90％以上を海外から輸入する化石燃料に依存しています。このような中、水素エネルギーの利用は、日本における一次エネ

ルギーの供給構造を変革・多様化させ、大幅なCO_2の排出削減を実現する手段として期待されています。同時に、水素によって化石燃料の一部を代替することは、エネルギーセキュリティの向上にも役立ちます。なお、原料となる水素の製造に当たっては、CO_2の排出を伴わないCO_2フリー水素の製造が前提になります。

　水素利用の方向性としては、部門別に以下のようになります。電力部門では、従来の化石燃料を用いた火力発電を、水素を用いた発電に置き換えることで電源の低炭素化を進めることや、再生可能エネルギーの大量導入に伴って必要となる、変動吸収や電力貯蔵のために水素を利用することがあげられます。

　運輸部門では、運輸部門のCO_2排出量の大半（85％）を占める乗用車や貨物車の燃料電池自動車への切り替えがあげられます。また、鉄鋼や石油精製などの産業部門では、工業プロセスや熱源等において水素の利用を増やすことがあげられます。

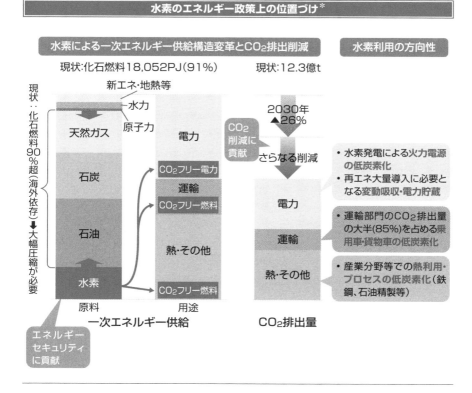

水素のエネルギー政策上の位置づけ*

＊…の位置づけ　資源エネルギー庁「水素・燃料電池に関する経済産業省の取組について」（令和元年5月）p.3

1-6

水素の安全性は？

水素には、爆発しやすいなどの危険なイメージがありますが、ガソリンや天然ガスなどの他の燃料と比較して、水素の危険性が特に高いわけではありません。水素の性質や特徴を踏まえ、安全に使用するための技術と社会制度を確立することが重要になります。

▶▶ 水素の特性と危険性

図は、水素と既に私たちの身近で広く使用されているメタン（天然ガスの主成分）、プロパン、ガソリンの特性比較を示しています。

他の燃料と比較して水素には、燃焼可能濃度範囲が広く、着火しやすいという特性があります。ただし、水素ガスは軽い上、拡散スピードが非常に速いという特性もあるため、仮に4％を超える水素が空気に混ざって燃える気体になったとしても、開放された空間では水素がすぐに上方へ拡散して水素濃度が下がり、引火の危険性は低下します。また、水素は熱放射が小さいため、仮に水素が燃えたとしても、熱放射による被害や類焼は少なくなります。

総じて、水素と他の燃料と比較して、水素の危険性が特に高いというわけではありません。ただ、燃料である以上、メタン、プロパン、ガソリン等と同様に、水素の取り扱いには注意が必要になります。水素の特性を正しく理解し、適切な安全対策を行えば、他の燃料と同じように安全に使用することができます。

なお、日本の都市ガスは、天然ガスが使用されるようになる前の昭和20年代から40年代にかけて、水素と一酸化炭素の混合ガスが使われていました。このような実績からしても、水素の安全性は既に実証されているとみることができます。

▶▶ 水素が燃焼・爆発する条件と安全対策

水素が燃焼・爆発するのは、密閉された空間において、水素が大量に漏れ出して水素と空気が燃焼範囲で混ざり合い、そこに火種が存在する、という条件が揃っ

た場合に限られます。

　水素を使用するに当たっての安全対策としては、①水素を漏らさない、②漏れた場合は早期に検知し、拡大を防ぐ、③漏れた場合に水素を溜めない、④漏れた水素に着火させない、の4つがあげられます。たとえば、水素が漏れた場合に溜めない工夫としては、建屋の上部に通気口を設け、漏れ出した水素をそこから排出する、といったことがあげられます。

▶▶ 安全のための規制

　水素の安全などに関して適用される法律の規制としては、「**高圧ガス保安法**」が中心的な役割を担っています。たとえば、高圧ガスである圧縮水素ガス、液化水素を充填・貯蔵するための貯槽・容器は、高圧ガス保安法によって分類され、技術上・保安上の基準が定められています。

　高圧ガス保安法のほかにも、「消防法」や「建築基準法」などにより、水素の安全に関する規制が定められています。

水素と他燃料との特性比較[*]

	水素	メタン	プロパン	ガソリン	水素の特性
拡散係数（空気中）[cm²/s]（1atm, 20℃）	0.61	0.16	0.12	0.05（ガス状）	拡散しやすい。小孔から透過しやすい。
金属材料を脆化	あり	なし	なし	なし	金属をもろく、割れやすくする。
最小着火エネルギー (mJ)	0.02	0.29	0.26	0.24	着火しやすい。
燃焼範囲（下限−上限）[vol%]	4.1 − 75	5.3 − 15	2.1 − 10	1.0 − 7.8	燃焼可能濃度範囲が広い。
熱放射（輻射率 ε）	0.04 〜 0.25	0.15 〜 0.35	ガソリン並	0.3〜0.4	熱放射による被害や類焼は少ない。
最大燃焼速度 [cm/s]	346	43.0	47.2	42.0	爆風圧が大きい。ジェット火炎が保炎しやすい。
燃焼熱[MJ／Nm³] 真発熱量	10.77	35.9	93.6	−	熱量を確保するのに高圧を要す。

---

[*]**…の特性比較**　エネルギー総合工学研究所「水素拡散、燃焼基礎物性の研究について」（2008年7月30日）p.2より。

1-7
水素利用の世界史

19世紀初頭から石炭のガス化によって水素が大量に利用されるようになり、現在ではアンモニアの合成、および石油製品の脱硫などの精製や油脂の製造など、水素は幅広く利用されています。また、宇宙開発の分野でも、水素利用は進められています。

▶▶ 石炭ガスの利用やアンモニアの合成

水素は、1766年にイギリスの化学者ヘンリー・キャベンディッシュによって発見されました。金属片と硫酸や塩酸などを反応させて、空気よりもずっと軽く、激しく燃える気体（＝水素：水素の命名は1783年）が生成できることを確認しています。

18世紀後半からイギリスで産業革命が進む中、石炭から水素を含む可燃性ガスを取り出すガス化技術が開発されました。この可燃性ガスの利用が、人間社会における水素の大量利用の始まりと言われています。当時のエネルギー源の主流は石炭であり、水素を含む石炭ガスは照明用（ガス灯）や暖房用として利用されました。

その後20世紀に入ると、エネルギー源の主流は石炭から石油へとシフトしていきます。同時に、石油化学産業が発展していく中、水素は重要な化学原料として、石油の精製などで大量に使用されるようになりました。

水素利用の歴史で特筆すべきは、20世紀初頭に水素と窒素からアンモニア（NH_3）を合成する技術が開発されたことです。この技術はハーバー・ボッシュ法と呼ばれ、化学肥料としてのアンモニアの大量生産技術が確立したことで、農産物の生産性向上に大きく貢献しています。

▶▶ 宇宙開発で水素を利用

20世紀後半に入ると、宇宙開発への取り組みが活発になり、ロケットの開発が

進められるようになりました。ロケットを飛ばすための燃料には、固体燃料と液体燃料の2種類があり、それぞれ長所・短所があって用途により使い分けられています。液体燃料を用いたロケットは、固体燃料を用いたロケットに比べ、構造が複雑になり取り扱いが難しいという短所がある反面、誘導制御において優れているという長所があります。

　液体燃料ロケットの推進剤は、一般的に燃料（液体水素など）と酸化剤（液体酸素など）が別々のタンクに入れられ、それぞれパイプを通して燃焼室の中に送られ、その混合ガスを燃焼させて推力を発生させます。なお、ロケットエンジンの性能は、噴出ガスの速度によってほとんど決まってしまいます。噴出ガスの速度を増加させるには、燃焼ガスの平均分子量が小さいほど良いため、分子量の小さな水素が燃料として使用されています。

　一方、有人宇宙活動を実現させるため、電気と共に水を生成できる燃料電池の技術開発が進められました。燃料電池は、米国のジェミニ計画（1961 ～ 1966年）で実用化され、その後のアポロ宇宙船やスペースシャトルにおいても使用され、現在でも有人宇宙活動を支えています。

JAXAなどが開発を進めるH3ロケット*

©JAXA

＊…H3ロケット　JAXA（宇宙航空研究開発機構）のホームページ（https://www.jaxa.jp/projects/rockets/h3/index_j.html）より。

太陽の恵み、その源は『水素』

　太陽は膨大なエネルギーを宇宙空間に放出しながら輝いています。地球が太陽から受けるエネルギーは、太陽が放出するエネルギーの22億分の1に過ぎないのですが、それでも地球上のすべての生き物の命は、この太陽エネルギーによって支えられています。

　太陽では核融合反応が起きていて、これによりエネルギーを放出しています。核融合反応とは、水素などの軽い原子の原子核同士が衝突・融合して、ヘリウムなどのより重い原子核に変わることをいいます。そして核融合の際には、非常に大きなエネルギーが発生します。

　太陽の光球の組成をみると、全体の4分の3程度を水素が占めています。ちょっと想像するのが難しいのですが、太陽の質量は地球の33万倍も重く、その中心部は2,000億気圧という超高圧状態になっています。中心部は温度が1,500万度、密度が鉄の20倍もの高密度に達しており、その中で水素（H）が核融合反応を起こしてヘリウム（He）となり、膨大なエネルギー（熱や光）を出しているのです。

　したがって、私たちは太陽の恩恵にあずかっていますが、その源は「水素」ということになるのです。

　一方、太陽で起きているような核融合反応を人工的に作り出し、そこから出る熱エネルギーを利用して電気を作る、という研究が進められています。太陽のような高い密度を地球上に再現することはできないため、最も核融合反応を起こしやすい、重水素（D）と三重水素（T）の反応を利用して実現させようとしています。

　とはいえ、核融合炉では1億度以上の高温プラズマを生成し、それを固体等の容器に触れることなく閉じ込める（保持する）必要があるため、実用化は容易なことではありません。現在、核融合発電の実現に向け、日本、EU、ロシア、米国、韓国、中国、インドが連携し、ITER（国際熱核融合実験炉）の建設がフランスにおいて進められています。なお、核融合発電の商用化は、2050年頃になると予想されています。

水素エネルギーの社会実装へ向けた最新動向

　地球温暖化に起因する気候変動への懸念が世界中で示されています。そして、脱炭素化へ向けた流れは世界の潮流となり、脱炭素化の切り札と目される「水素エネルギー」への期待はグローバルなレベルで高まっています。国際社会では水素協議会が発足し、水素閣僚会議が開催されるようになりました。

　一方、日本では水素基本戦略やロードマップが策定され、水素エネルギーの社会実装へ向けた動きが活発になっています。水素エネルギーの導入を進めるに当たっては、新たな社会インフラの構築が伴うため、国や自治体の果たす役割が大きくなります。

2-1
本格活用へ走り出した 水素エネルギー

近年、地球温暖化の悪影響が肌で感じられるようになり、脱炭素化の動きが世界中で加速しています。このような潮流の中、水素エネルギーへの期待が高まっています。ここでは、水素が注目される背景、水素の活用へ向けた大きな流れについて解説します。

▶▶ 水素エネルギーが注目される背景

世界的に水素エネルギーが注目される背景として、地球温暖化による悪影響が顕在化する中、生態系や人間社会の持続可能性が損なわれることへの懸念があげられます。

1750年頃に始まった産業革命以降、人間社会では石炭や石油などの化石燃料を大量に燃やして使用するようになり、二酸化炭素（CO_2）の排出を急増させました。現在でも、経済発展に伴うエネルギー消費量の増加により、世界のCO_2排出量は右肩上がりで増え続けています。

温室効果ガスであるCO_2の大気中の濃度が増加すると、これまでより温室効果が強くなり、気温が上昇するという現象（**地球温暖化**）が生じます。既に、この気温上昇の影響と思われる異常気象（豪雨・かんばつ・熱波等）や海面上昇が世界中で起きています。

地球温暖化をこのまま放置しておくと、気候が変化してしまう（たとえば、極端な異常気象の頻発）ことで、食糧・水・健康・経済などへの被害が拡大することが予想されます。加えて、取り返しのつかない状況まで地球環境を悪化させてしまう可能性もあります。

このような問題を引き起こしてしまう地球温暖化に歯止めをかける必要があることは、持続可能な社会や生態系の維持を望む、世界中の良識ある人々にとって共通の認識となっています。そこで登場するのが「脱炭素社会」という考え方です。温暖化の原因となるCO_2を排出しない社会を構築するため、化石燃料を燃やさず

に、再生可能エネルギーや水素エネルギーなどを活用することで、脱炭素化を進めていきます。

　脱炭素化には、再生エネの大量導入が欠かせませんが、太陽光や風力には変動電源という欠点があります。この欠点を解消するのが、エネルギーキャリアとしての水素の活用です。再生エネで余剰に発電した電力を用いて水素を作って貯蔵しておき、水素を必要に応じて利用すれば、CO_2フリーのエネルギーシステムを構築できます。

▶▶ 世界と国内の動向

　図の中段と下段は、水素エネルギーの活用に関する世界と日本の動向を示しています。IPCC第5次評価報告書では、「気候変動を放置すれば、人間と生態系に対する深刻で広範、かつ取り返しのつかない影響が及ぶ可能性が高まる」と警告しています。このような危機感を背景に、パリ協定が採択され、脱炭素化の流れが加速しました。そして脱炭素化の流れの中で、水素エネルギーの活用へ向けた動きも活発化しています。

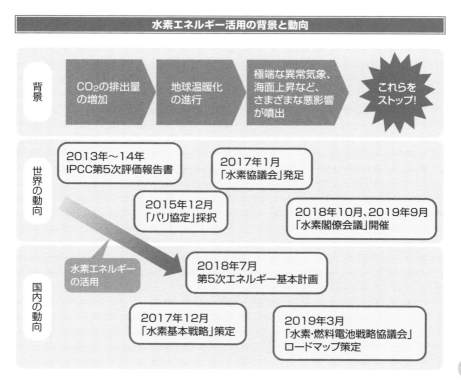

2-2
脱炭素化の世界的な合意形成

　IPCCの評価報告書は、気候変動問題を科学的に分析して知見を示しています。国際社会では、評価報告書の指摘を踏まえ、温暖化対策が重要であるという認識が広がっています。ここでは、IPCC第5次評価報告書やパリ協定の採択について解説します。

▶▶ IPCCの第5次評価報告書

　気候変動に関する政府間パネル（IPCC*）とは、**世界気象機関**（WMO*）と**国連環境計画**（UNEP*）によって、1988年に設立された国連の組織であり、人為起源による気候変化・影響・適応・緩和方策に関して、科学的・技術的・社会経済学的な見地から包括的な評価を行うことを目的としています。

　IPCCが数年ごとに発行する地球温暖化に関する評価報告書は、世界各国の政府から推薦された専門家の科学的知見を集約した報告書であり、国際政治や各国の政策決定などに大きな影響を与えるようになっています。

　IPCCの直近の報告書は、2013年から14年にかけて公表された第5次評価報告書です。この報告書では、「気候システムの温暖化には疑う余地がなく、また1950年代以降、観測された変化の多くは数十年から数千年間にわたり前例のないものである。大気と海洋は温暖化し、雪氷の量は減少し、海面水位は上昇し、温室効果ガス濃度は増加している」と指摘しています。一方で、「気候変動に適応するための選択肢は残されており、厳格な軽減活動を行えば、気候変動の影響を対応可能な範囲にとどめ、より明るく持続可能な未来をつくることもできる」とも指摘しており、エネルギーの使用に関する社会システムの変革を促しています。

▶▶ パリ協定の採択

　国連気候変動枠組条約締約国会議(通称COP)は、温室効果ガス削減に関する国際的取り決めを話し合うため、毎年開催されています。2015年12月、21回目

*IPCC　Intergovernmental Panel on Climate Changeの略。
*WMO　　World Meteorological Organizationの略。
*UNEP　United Nations Environment Programの略。

となる締約国会議（COP21）がフランスのパリで開催され、そこで「パリ協定」
が採択されました。その後、2016年11月にパリ協定は発効しています。

　パリ協定は、2020年から適用が始まる地球温暖化防止の国際的な枠組みであ
り、約180カ国が批准しています。パリ協定は世界共通の長期目標として、「世界
の平均気温上昇を産業革命以前に比べて2℃より十分低く保ち、1.5℃に抑える
努力をする」「そのため、できるかぎり早く世界の温室効果ガス排出量をピークア
ウトし、21世紀後半には、温室効果ガス排出量と、森林などによる吸収量のバラ
ンスをとる」を掲げています。先進国だけでなく、途上国も含めたすべてのパリ
協定参加国には、2020年以降の「温室効果ガス削減・抑制目標」を定めること、
長期的な「低排出発展戦略」を作成して提出するよう努力することが求められます。

　このように温室効果ガスの排出削減へ向けて世界的な合意が形成されており、
脱炭素社会を実現するための取り組みが始まっています。

第2章　水素エネルギーの社会実装へ向けた最新動向

世界の平均地上気温（陸域＋海上）の上昇*

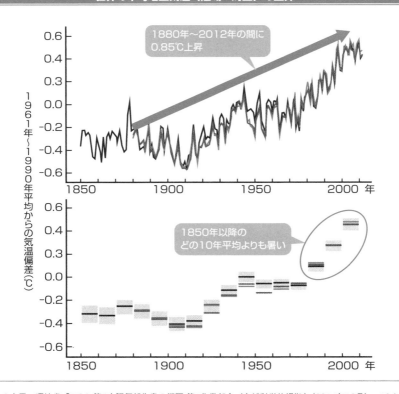

＊…の上昇　環境省「IPCC 第5次評価報告書の概要 第1作業部会（自然科学的根拠）」（2014年12月）p.10より。

2-3
水素協議会と水素閣僚会議

　2017年1月に、産業界では、水素関連技術の普及に向けた広範なビジョンの提供や共有を活動目的として、グローバル企業のトップが水素協議会を発足させました。一方、2018年10月、初めての水素閣僚会議が東京で開催されています。

▶▶ 産業界でのグローバルな動き

　「**水素協議会**（Hydrogen Council）」は、2017年1月にスイス・ダボスで開催されたWorld Economic Forumの場で発足しました。水素協議会は、水素関連技術の普及に向けた広範なビジョンの提供や共有を活動目的とした、民間企業のトップによるグローバルな活動団体です。具体的には、水素および燃料電池セクターの開発と商業化への投資を加速させることを狙っています。

　水素協議会は、エネルギーや自動車などのグローバル企業13社により発足し、2019年6月時点で60社に拡大しています。日本企業では、ステアリング・メンバーとして、本田技研工業、岩谷産業、ENEOS、川崎重工業、トヨタ自動車が、またサポーティング・メンバーとして、丸紅、三菱商事、三菱重工、三井物産、三井住友銀行、住友商事、豊田通商が名を連ねています。

　水素協議会では、2017年11月の報告書「Hydrogen Scaling Up（水素市場の拡大）」の中で、IPCCが示す2℃シナリオ達成のためには、2050年までにエネルギー起源CO_2排出量の60％削減が必要であるという前提のもと、その実現に水素が活用されることにより、2.5兆ドルの市場と3,000万人の雇用が創出されると試算しています。

▶▶ 日本で水素閣僚会議を開催

　2018年10月、経済産業省とNEDOは、世界で初めて、各国の閣僚レベルが水素社会の実現をメインテーマとして議論を交わす「**水素閣僚会議**」を開催しました。水素閣僚会議には、21の国・地域・機関より閣僚などが集まり、水素に関連する企業、

政府関係者、研究者等も含め、300人以上が参加しています。そこでは、エネルギー転換や脱炭素化に向けた水素の重要性、水素関連技術の現状と将来に向けた展望、水素が将来的にビジネスとして自立できるマーケットの創出に向けた国際的な連携の必要性などについて、議論が行われました。

　会議の成果として「東京宣言」が発表され、①技術協力および、規制、規格・基準のハーモナイゼーション、標準化の推進、②水素の安全性およびサプライチェーンに関する情報共有および国際共同研究開発の推進、③CO_2および他の汚染物質を削減する水素の可能性調査・評価、④コミュニケーション、教育およびアウトリーチについて、各国は協力するとしています。

　2019年9月には2回目の水素閣僚会議が東京で開催されています。東京宣言に関する各国の取り組み状況を共有した上で、グローバルな水素の利活用に向けた政策の方向性について議論を深め、国際連携の一層の強化を図ることが狙いです。

水素協議会の主なステアリング・メンバー*

エア・リキード(仏)

アルストム(仏)

アングロ・アメリカン(英)

アウディ(独)

BMWグループ(独)　ダイムラー(独)　エンジー(仏)　ゼネラルモーターズ(米)

本田技研工業(日)

ヒュンダイ自動車(韓)

岩谷産業(日)

川崎重工業(日)

PLASTIC OMNIUM
プラスチック・オムニウム(仏)

ロイヤル・ダッチ・シェル(蘭)　スタトイル(ノルウェー)　リンデグループ(英)

トタル(仏)

トヨタ自動車(日)

＊…**ステアリング・メンバー**　岩谷産業のホームページ「お知らせ 2017.11.22」(http://www.iwatani.co.jp/jpn/pdfs/information/20171122_report.pdf) より。

第2章　水素エネルギーの社会実装へ向けた最新動向

2-4
海外の動向

　水素エネルギーの活用に向けた動きは、世界の大きな潮流になりつつあります。ここでは、みずほ情報総研が行った最新の水素・燃料電池利活用状況調査をもとに、世界各国の主な取り組みやトレンド、米国や欧州における具体的な動きについて解説します。

▶▶ 世界的なトレンドは？

　図は、米国とカナダ、欧州、中国、韓国、オーストラリア、その他地域の2018年度における、水素・燃料電池関連の主な取り組みを示しています。

　オランダ、韓国、オーストラリアが、それぞれ水素エネルギーの活用に関するロードマップを発表しています。水素活用の導入目標やスケジュール、施策の方向性を明示することで、エネルギー転換を加速させることを狙っています。

　世界的なトレンドとしては、トラック・バス・列車・フォークリフト等の多様なモビリティのFC化、およびFC商用車の導入の活発化があげられます。また、CO_2フリー水素（Power to Gas）の取り組みが活発化しており、キャリアと用途は共に多様化する傾向にあります。

▶▶ 米国の動向は？

　米国では、FC商用車やFCフォークリフトを中心に、取り組みが活発化しています。具体的には、Nikola社や北米トヨタがFCトラックの新モデルを発表しています。また、Fedexやアンハイザー・ブッシュがFC宅配車やFCトラックの導入を発表し、水素活用の動きを加速させています。

　一方、複数のPower to Gasプロジェクトが発表され、実証事業が始まっています。具体的には、ITM Powerがマサチューセッツ地域において、P2Gエネルギー貯蔵や再生可能エネルギー由来の水素の実証試験を進めています。また、米国エネルギー省（DOE）は、水電解技術を開発することで安価な水素製造を目指して

おり、Ecolectro社に170万ドルの資金援助を行っています。

▶▶ 欧州の動向は？

　欧州では、FCバスやFCタクシーなど、多種多様な分野においてFCモビリティを導入する動きがみられます。FCバスについては、2020年までに域内において300台の導入を目指しています。また、ドイツのブレーマーフェルデでは、世界で初めてFC列車の商用運行が開始されています。フランスやイギリスでも開発が計画されており、FC列車の導入が拡大していく見込みです。

　一方、Power to Gasの取り組みは、実証事業数や多様性において他の地域を先行しており、その動向に注目が集まっています。たとえばドイツでは、製鉄業におけるCO_2の排出削減を目的とした水素利用のプロジェクトが発表されています。

海外の動向*

項目	米国・カナダ	欧州	中国	韓国	オーストラリア	その他
ロードマップ発表	－	◎	－	◎	◎	－
FCV・モビリティ	FCトラックの取組みが活況。FCフォーク導入台数は2万台突破。	FC列車が世界初の走行。その他FC船、多様なモビリティをFC化。	バスやトラックを始めとしたFC商用車導入を強力に推進。	Hyundaiの国内外でのFCV・商用車導入の動きが活発。	－	インド・東南アジアでのFCバス実証等での動向が目立つ。
水素ステーション（ST）	カリフォルニア州で2024年迄の水素ST建設計画発表。	ドイツでは50箇所の水素ST開所。欧州全体で約120箇所のST開所。	FCモビリティ導入加速を受け、水素ST建設の動きも加速。	FCモビリティ普及に向け、官民一体の水素ST導入を推進。	－	－
水素サプライチェーン	－		－	－	◎ 研究開発・実証が進む。	
Power to Gas（CO_2フリー水素）	○ アメリカでもP2Gの実証が徐々に始まる。	◎ P2Gの取組みは、実証事業数や多様性で他地域に先行。	－	－	水素輸出国としての地位確立に向け、研究開発・実証が進む。	－
動向のまとめ	昨年に引き続き、FC商用車・FCフォークを中心に取り組みが活発。	FCバスの実証や船舶などモビリティの導入が進む。P2Gは大規模化。	政府・地方の政策による支援の下、FC商用車導入への動きが活発化。	ロードマップの発表。モビリティ・水素ST関連の動きが活発化。	水素輸出国として世界的に地位を確立するという政府目標の元、取組強化。	アジア・オセアニア・中東でFCモビリティやCO_2フリー水素に動き。

＊…の動向　みずほ情報総研「水素・燃料電池戦略ロードマップの進捗確認及び国内外における水素・燃料電池利活用状況調査」（2019年3月）p.27より。

第2章　水素エネルギーの社会実装へ向けた最新動向

2-5

国の政策は？

水素エネルギーを社会へ導入していくには、新たな社会インフラの構築が伴うため、国の政策が果たす役割が大きくなります。ここでは、水素エネルギーに関する国の政策の歴史を簡単に振り返った上で、国の水素関係予算について解説します。

▶▶ 国が水素エネを推進するようになったのは？

将来を的確に見通すためには、過去の歴史を振り返っておくことが、その手助けになります。まずは簡単に、国の水素エネルギーに関する政策を確認しておきましょう。

水素がエネルギーとして注目されるようになったきっかけとして、1973年に起きた第一次オイルショックがあげられます。エネルギーを中東の石油に依存していた日本では、オイルショックによって社会に大きな混乱が起き、安定的なエネルギーが求められるようになりました。

これを受け、当時の通商産業省（現・経済産業省）が主導して、石油だけに頼らないエネルギーの長期的な安定供給の確保を目指す「サンシャイン計画」が1974年から進められ、再生可能エネルギーや水素エネルギーなどの研究開発が行われるようになりました。これ以降、水素・燃料電池の技術開発プロジェクトが推進されてきたことで技術力が蓄積され、日本は現在の世界をリードするポジションを獲得することができたのです。

なお、上記のように最初に水素エネルギーが着目された理由は、化石燃料に替わる代替エネルギーとしてですが、近年では気候変動問題を解決するためのクリーンエネルギーとしての期待が大きく高まっています。

▶▶ 国の予算は？

国の政策としては、技術開発の推進だけでなく、水素エネルギーの導入や設備の設置を促進するための補助金、規制の見直し、基準・標準化の整備などがあげ

られます。

　特に、技術開発や水素エネルギーの社会への導入を促していくためには、資金面での手当てが不可欠になります。図は、2009年から2019年までの国の水素関係予算の推移を示していて、近年は増加傾向にあり、2019年は600億円を超えています。また、2009年からの10年間でみると、約4,000億円以上の水素関係予算を投入しています。

　2020年度の概算要求では、FCVの電池の性能向上や水素ステーションの低コスト化などの技術開発の予算を増額し、約800億円を要求しています。

　2020年度の水素・燃料電池関連予算の主な内訳をみると、「燃料電池の利用拡大に向けたエネファーム等導入支援事業費補助金：40億円」「燃料電池自動車の普及促進に向けた水素ステーション整備事業費補助金：120億円」「水素社会実現に向けた革新的燃料電池技術等の活用のための研究開発事業：53億円」「未利用エネルギーを活用した水素サプライチェーン構築実証事業：141億円」などとなっています。

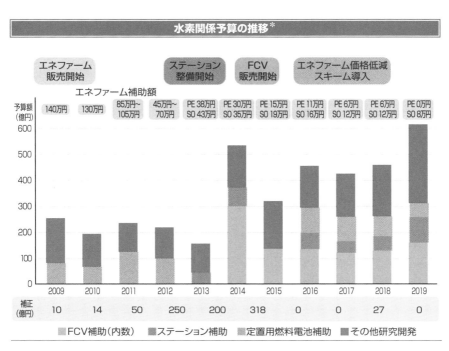

水素関係予算の推移 *

＊…の推移　資源エネルギー庁「水素・燃料電池に関する経済産業省の取組について」（令和元年5月）p.24

2-6
水素基本戦略

政府は、世界に先駆けて水素社会を実現するため、水素基本戦略を策定しています。ここでは、水素基本戦略の概要と基本戦略の10の柱、水素基本戦略のシナリオとして示された将来目指すべき姿や2030年の数値目標について解説します。

▶▶ 水素基本戦略とは？

「**再生可能エネルギー・水素等関係閣僚会議**」は、再生可能エネルギーの導入拡大や水素社会の実現の推進について、関係する行政機関が緊密に連携し、総合的に検討することを目的としています。2017年12月に、2回目の再生可能エネルギー・水素等関係閣僚会議が開催され、「水素基本戦略」が決定されました。

新たなエネルギーシステムへ移行するには、社会インフラの再構築がともなうため、数十年単位の時間軸で検討しておく必要があります。そこで水素基本戦略では、2050年を視野に入れ、水素社会実現に向けて将来目指すべき姿や、目標として官民が共有すべき方向性・ビジョンを示すとともに、その実現に向けた行動計画を取りまとめています。

水素社会の実現に向けた基本戦略として、以下の10の柱が示されています。

> ① 低コストな水素利用の実現：海外未利用エネルギーと再生エネの活用
>
> ② 国際的な水素サプライチェーンの開発
>
> ③ 国内再生可能エネルギーの導入拡大と地方創生
>
> ④ 電力分野での水素利用　　⑤ モビリティでの水素利用
>
> ⑥ 産業プロセス・熱利用での水素活用の可能性
>
> ⑦ 燃料電池技術の活用　　⑧ 革新的な技術開発
>
> ⑨ 国際展開（標準化等）　　⑩ 国民の理解促進と地域連携

水素基本戦略のシナリオ

　水素基本戦略では、将来の目指すべき姿と、2030年の数値目標を示しています。まず供給面では、現状は化石燃料から水素を製造していますが、将来はCO_2フリーで水素を製造します。そのために、国際的な水素サプライチェーンの構築や国内の再生可能エネルギー由来水素の製造技術の確立に取り組むとしています。そして、2030年には商用規模のサプライチェーンを構築し、年間30万t程度の水素を調達するとともに、30円/Nm^3※程度の水素コストの実現を目指します。

　次に水素の利用面では、FCVについて、将来は量産化や低コスト化により、ガソリン車の代替を目指すとした上で、2020年までに4万台程度、2025年までに20万台程度、2030年までに80万台程度普及させるという目標を掲げています。また、水素ステーションについて、将来は収益性向上により、ガソリンスタンドの代替を目指すとした上で、2020年度までに160カ所、2025年度までに320カ所、2030年度までに900カ所を整備するという目標を掲げています。

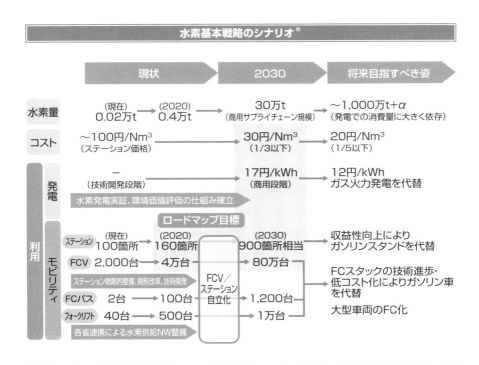

※**Nm^3**　標準状態（0℃、1気圧）に換算した1m^3のガス量を表す単位。
※**…のシナリオ**　再生可能エネルギー・水素等関係閣僚会議「水素基本戦略（概要）」（平成29年12月）p.4から抜粋。

2-7
エネルギー基本計画

エネルギー基本計画は、エネルギー政策の基本的な方向性を示すものであり、水素を脱炭素化に向けた新たなエネルギーの選択肢の1つと位置づけています。ここでは、第5次エネルギー基本計画の概要、基本計画での水素活用の方針などについて解説します。

▶▶ エネルギー基本計画とは？

エネルギー基本計画は、2002年に制定された「エネルギー政策基本法」に基づき政府によって策定され、エネルギー政策の基本的な方向性を示します。『安全性』『安定供給』『経済効率性の向上』『環境への適合』というエネルギー政策の基本方針にのっとって策定されます。2003年に最初の計画が策定された後、3～4年ごとに見直しが行われ、最新のものが2018年7月に閣議決定された「第5次エネルギー基本計画」になります。

第5次エネルギー基本計画では、ここ数年の情勢変化として、「脱炭素化に向けた技術間競争の始まり」「技術の変化が増幅する地政学的リスク」「国家間・企業間の競争の本格化」の3つをあげています。

この情勢の変化も勘案し、2030年に向けた政策対応として、①資源確保の推進、②徹底した省エネルギー社会の実現、③再生可能エネルギーの主力電源化に向けた取り組み、④原子力政策の再構築、⑤化石燃料の効率的・安定的な利用、⑥水素社会実現に向けた取り組みの抜本強化、⑦エネルギーシステム改革の推進、⑧国内エネルギー供給網の強靭化、⑨二次エネルギー構造の改善、⑩エネルギー産業政策の展開、⑪国際協力の展開を示しています。

一方、第5次エネルギー基本計画が過去のエネルギー基本計画と大きく異なるのは、パリ協定の発効を受け、2050年に向けたエネルギー政策を強く意識したものになっている点です。2050年に向けて、あらゆる選択肢の可能性を追求し、エネルギーの転換や脱炭素化に挑戦するとしています。

水素社会実現に向けた取り組みの抜本強化

第5次エネルギー基本計画において、水素は脱炭素化に向けた新たなエネルギーの選択肢の1つと位置づけられています。

特に、製造段階でCCS技術や再生可能エネルギー技術を活用することで、トータルでも脱炭素化したエネルギー源とすることが可能である点や、水素から高効率に電気や熱を取り出す燃料電池技術と組み合わせることで、電力や運輸のみならず、産業利用や熱利用など、さまざまな領域で低炭素化が可能になる点を評価しています。

本基本計画では、①FCVを中心としたモビリティにおける水素需要の拡大を加速する、②水素の「製造、貯蔵・輸送、利用」まで一気通貫した国際的なサプライチェーンを構築する、③水素を大量消費する水素発電の導入に向けた技術開発を進める、などの方針を示しています。これらを実行することで、水素の調達・供給コストを従来エネルギーと遜色のない水準まで低減させていくことを狙っています。

第2章 水素エネルギーの社会実装へ向けた最新動向

第5次エネルギー基本計画と水素エネルギー

基本方針

安全性　　安定供給　　経済効率性の向上　　環境への適合

情勢変化

脱炭素化に向けた技術間競争の始まり　　技術の変化が増幅する地政学的リスク　　国家間・企業間の競争の本格化

2030年に向けた政策対応

①資源確保の推進　　　　　　②徹底した省エネルギー社会の実現
③再生可能エネルギーの主力電源化に向けた取り組み
④原子力政策の再構築　　　　⑤化石燃料の効率的・安定的な利用
⑥水素社会実現に向けた取り組みの抜本強化
⑦エネルギーシステム改革の推進
⑧国内エネルギー供給網の強靭化　　⑨二次エネルギー構造の改善
⑩エネルギー産業政策の展開　　⑪国際協力の展開

水素社会実現に向けた
取り組みの抜本強化

主な施策

①FCVを中心としたモビリティにおける水素需要の拡大
②製造から貯蔵・輸送、利用まで、国際的な水素サプライチェーンの構築
③水素を大量消費する水素発電の導入に向けた技術開発の推進

2-8
水素・燃料電池戦略ロードマップ①全体像

水素・燃料電池戦略ロードマップは、水素社会の実現に向け、水素の製造から貯蔵・輸送、利用に関わる、さまざまな要素について、目指すべきターゲットや達成に向けた施策を示しています。ここでは、ロードマップの概要や全体像について解説します。

▶▶ 水素・燃料電池戦略ロードマップとは？

　経済産業省は、水素社会の実現に向けて、2013年に「**水素・燃料電池戦略協議会**」を立ち上げ、産官学の有識者による水素エネルギーの利活用に向けた検討を始めました。水素・燃料電池戦略協議会は、2014年にロードマップを策定し、2016年に改訂を行っています。

　その後、水素・燃料電池戦略協議会では、水素基本戦略や第5次エネルギー基本計画で掲げた目標を確実に実現するため、ロードマップの内容を大幅に見直し、2019年3月に新たな「**水素・燃料電池戦略ロードマップ**」を策定しました。

　本ロードマップでは、基盤技術のスペックやコスト内訳の目標など、目指すべきターゲットを新たに設定し、目標達成に向けて必要な取り組みを規定しています。また、有識者による評価WGを設置し、年に1回程度、分野ごとの進捗をフォローアップすることにしています。

▶▶ ロードマップが示すもの

　水素関連技術は、技術的に実用化が可能になってから社会実装するまで、少なくとも5年程度の期間が必要になります。このため、10年後の社会を見据えて5年後の技術開発の目標を定めるなど、将来の見通しを明示することが重要になります。そこで水素・燃料電池戦略ロードマップでは、可能なものについては2025年までに達成すべき目標を数値で示しています。

　水素エネルギーの分野で事業展開を目論む企業にとっては、ロードマップにより国の方針、施策、具体的な目標が示されることで、中長期戦略の立案や水素関連

技術への研究開発投資を行いやすくなります。

　本ロードマップでは、水素の利用と供給に分けて、アクションプランの全体像が整理されています。ここではその中身をみていきましょう。

　まず水素利用としては、モビリティ、発電、燃料電池などに分け、それぞれにおいて目指すべきターゲットや、ターゲット達成に向けた取り組みが示されています。たとえば、モビリティでは、燃料電池自動車（FCV）とハイブリッド自動車（HV）の価格について、現在の300万円の価格差を2025年には70万円に縮めるという目標が示されています。併せてFCVの主要な要素技術である燃料電池システムや水素貯蔵システムについて、スペックやコストの目標を示しています。

　次に水素供給としては、サプライチェーンに着目し、化石燃料からの水素製造とCCS技術の組み合わせ、および再生可能エネルギー由来水素の利用拡大に分けて、水素の製造コストや装置コストの目標値を示しています。

ロードマップの全体像＊

		目指すべきターゲットの設定	ターゲット達成に向けた取組
利用	モビリティ	2025年　・FCVとHVの価格差（300万円→70万円） ・FCV主要システムのコスト 　　　燃料電池約2万円/kW→0.5万円/kW 　　　水素貯蔵約70万円→30万円	・徹底的な規制改革と技術開発
		2025年　・整備・運営費 　　　整備費3.5億円→2億円 　　　運営費3.4千万円→1.5千万円 ・ST構成機器のコスト　圧縮機0.9億円→0.5億円 　　　　　　　　　　　蓄圧器0.5億円→0.1億円	・全国的なSTネットワーク、土日営業の拡大 ・ガソリンスタンド/コンビニ併設STの拡大
		'20年代前半　・FCバス車両価格（1億500万円→5250万円）	・バス対応STの拡大
	発電	2020年　・水素専焼発電での発電効率（26%→27%） 　　　　※1MW級ガスタービン	・高効率な燃焼器等の開発
	FC	2025年　・業務・産業用燃料電池のグリッドパリティの実現	・セルスタックの技術開発
供給	化石＋CCS	'20年代前半　・製造：褐炭ガス化による製造コスト 　　　　　　　（数百円/Nm³→12円/Nm³） ・貯蔵・輸送：液化水素タンクの規模 　　　　　　　　（数千m³→5万m³） 　　　水素液化効率 　　　　（13.6kWh/kg→6kWh/kg）	・褐炭ガス化炉の大型化・高効率化 ・液化水素タンクの断熱性向上・大型化
	再エネ水素	2030年　・水電解装置のコスト（20万円/kW→5万円/kW） ・水電解効率（5kWh/Nm³→4.3kWh/Nm³）	・浪江実証成果を活かしたモデル地域実証 ・水電解装置の高効率化・耐久性向上 ・地域資源を活用した水素サプライチェーン構築

＊…の全体像　水素・燃料電池戦略協議会「水素・燃料電池戦略ロードマップ（概要）」（平成31年3月12日）p.1から抜粋。

2-9
水素・燃料電池戦略ロードマップ②
水素利用（モビリティ）

　本ロードマップでは、水素利用に関する将来見通しを示した上で、それを実現する手段としてアクションプランを提示しています。アクションプランを示すことで、目標実現に向けて取り組むべき具体的な行動を明確化し、官民で共有することを狙っています。

▶▶ 燃料電池自動車

　水素・燃料電池戦略ロードマップでは、**燃料電池自動車**（FCV）について、2025年までに20万台程度、2030年までに80万台程度の普及を目指すとした上で、2025年頃までに同車格のハイブリッド車と同等の価格競争力を有する車両価格まで引き下げるとしています。具体的には、現在、販売台数が増加しつつある電気自動車とハイブリッド車（HV）の価格差が70万円程度であることを踏まえ、同車格のFCVとHVの実質的な価格差を300万円前後から70万円程度の水準まで引き下げることを目標に掲げています。

　これを実現するためのアクションプランとして、自動車メーカーは協調領域の技術情報や課題を共有し、大学・研究機関・関係企業が解決策を提案していくなど、産学官が連携した多層的な技術開発の体制を構築するとしています。加えて、主要な要素技術のコスト低減を図るため、燃料電池システムの電解質膜や触媒の技術開発、水素貯蔵システムの炭素繊維の使用量低減に向けた技術開発を進めていく計画です。

▶▶ 水素ステーション

　水素ステーションのロードマップとしては、官民一体となって2025年度までに320カ所、2030年度までに900カ所の水素ステーションを整備し、2020年代後半までに水素ステーション事業の自立化を目指すとしています。その上で、水素ステーションの整備費について、2016年の3.5億円から2025年頃には2億円へ大幅に削減するという、コスト目標を設定しています。同様に、運営費についても、

2016年の3,400万円/年から2025年頃には1,500万円/年へ大幅削減する目標を設定しています。

　これを実現するためのアクションプランとしては、全国的な水素ステーションネットワーク構築の検討、営業時間・土日営業の拡大、ガソリンスタンド/コンビニ併設ステーションの拡大、徹底的な規制改革と技術開発の一体的な推進などに取り組むとしています。

▶▶ 燃料電池バス

　燃料電池バスのロードマップとしては、2030年度までに1,200台の導入を目指すとした上で、2023〜24年頃には車両価格を半額程度にまで低減させるとしています。アクションプランとしては、車両価格低減を行うとともに、燃費向上や耐久性向上に向けた技術開発などを行う計画です。

水素利用（モビリティ）のロードマップ*	
目指すべきターゲット	**ターゲット達成に向けた取組**

FCV
- 2025年20万台、2030年80万台
- 2025年頃にFCVをHV並の価格競争力へ価格差低減
  （FCVとHVの価格差300万円→70万円）
- 2025年頃に主要な要素技術のコスト低減
  燃料電池システム約2万円/kW→0.5万円/kW
  水素貯蔵システム約70万円→30万円
- 2025年にボリュームゾーン向け車種展開

取組:
- 関係企業・研究機関等の間での協調領域の技術情報や課題の共有
- 貴金属の使用量低減等に向けた技術開発
- 水素貯蔵システムにおける炭素繊維の使用量低減等に向けた技術開発

水素ST
- 2025年320箇所、2030年900箇所相当
- 2020年代後半の自立化
- 2025年頃までの整備費・運営費の抜本的な削減
  （整備費3.5億円→2.0億円、運営費3.4千万円/年→1.5千万円/年）
- 個別機器の2025年頃のコスト目標の設定
  圧縮機0.9億円→0.5億円
  蓄圧器0.5億円→0.1億円

取組:
- 徹底的な規制改革と技術開発の一体的な推進
  （2020年オリパラまでに無人セルフの実現、低コスト鋼材の使用等）
- 全国的な水素ステーションネットワーク構築の検討
- 営業時間・土日営業の拡大
- ガソリンスタンド/コンビニ併設ステーションの拡大

バス
- 2030年1,200台
- 普及地域の全国拡大
- 2020年代前半の車両価格の半減（1億500万円→5,250万円）
- 2030年頃までに自立化

取組:
- 燃費・耐久性向上に向けた技術開発
- 路線バス以外への車種展開
- バス対応ステーションの整備促進

（左側見出し）水素利用（モビリティ）

※…のロードマップ　水素・燃料電池戦略協議会「水素・燃料電池戦略ロードマップ（概要）」（平成31年3月12日）p.2から抜粋。

水素・燃料電池戦略ロードマップ③
水素利用（発電、産業、FC）

本ロードマップでは、水素利用に関する将来の見通しを示した上で、それを実現する手段としてアクションプランを提示しています。アクションプランを示すことで、目標実現に向けて取り組むべき具体的な行動を明確化し、官民で共有することを狙っています。

▶▶ 水素発電

水素・燃料電池戦略ロードマップでは、**水素発電**について、2030年頃の商用化を目指し、技術の確立や水素コストの低減に向けた取り組みを推進するとしています。また、2020年頃までに既設の火力発電設備における水素混焼発電導入のために必要な条件を明確化するとしています。さらに、将来的には、水素専焼発電の実現に必要な要素技術の確立を目指しています。

これを実現するためのアクションプランとしては、水素混焼発電における限界混焼率や事業性などに関するFS*調査を実施するとしています。また、水素の調達コスト低減の見通しを見極めた上で、低NO_x燃焼器の開発や燃焼振動対策、冷却技術の開発など、水素専焼発電の実現に必要な技術開発を進めていく計画です。

▶▶ 産業プロセスでの水素活用

本ロードマップでは、将来的には産業分野において、CO_2フリー水素を利用することを目指すとしています。産業プロセスごとにCO_2フリー水素が代替できる既存の燃料・原料の種別やコストは異なることから、経済合理性確保の見通しが得られたプロセスから順に、CO_2フリー水素の利用を検討していきます。

これを実現するためのアクションプランとしては、国内の副生水素などの未利用資源を活用した水素供給能力を把握するためのポテンシャル調査、およびCO_2フリー水素の利用に関する技術的な要件や経済合理性を持つための価格条件の精査などを実施するとしています。また、CO_2フリー水素とCO_2からプラスチック製品

＊**FS** feasibility studyの略。実行可能性調査のこと。

を製造する技術などの研究開発を進めていく計画です。

▶▶ 定置用燃料電池

本ロードマップでは、燃料電池（FC）について、家庭用燃料電池（エネファーム）と業務・産業用燃料電池に分けてターゲットを示しています。

エネファームについては、2030年までに530万台の導入を目指すとした上で、ユーザーメリットを向上させるための取り組みを進め、2030年頃までに投資回収年数を5年に短縮するという目標を掲げています。

一方、業務・産業用燃料電池については、低圧向け（数kW〜数十kW級）、高圧向け（数十kW〜数百kW級）のそれぞれについて、2025年頃のシステム価格と発電コストの目標値を設定した上で、セルスタック等の発電効率や耐久性の向上に取り組むとしています。

<table>
<tr><td colspan="2" rowspan="2"></td><td>目指すべきターゲット</td><td>ターゲット達成に向けた取組</td></tr>
<tr><td colspan="2">水素利用（発電、産業、FC）のロードマップ*</td></tr>
<tr><td rowspan="4">水素利用</td><td>発電</td><td>・2030年頃の水素発電の商用化に向けた技術の確立
・既設火力発電での水素混焼発電の導入条件明確化
・2020年までに水素専焼発電での発電効率向上
（26%→27%）
※1MW級ガスタービン</td><td>・限界混焼率、事業性等に関するFS調査の実施
・高効率な燃焼器等の開発</td></tr>
<tr><td>産業</td><td>・将来的なCO_2フリー水素の活用
・経済合理性の見通しが得られたプロセスから順次CO_2フリー水素の利用を検討</td><td>・各産業プロセスにおけるCO_2フリー水素の活用・供給ポテンシャル調査の実施
・カーボンリサイクル技術の実用化に向けた検討</td></tr>
<tr><td>定置用燃料電池</td><td>エネファーム
・2020年頃の自立化、2030年までに530万台
・2020年頃までにPEFC型80万円、SOFC型100万円を実現
・2030年頃までに投資回収年数を5年とする
業務・産業用燃料電池
・2025年頃に排熱利用も含めたグリッドパリティの実現
　低圧：機器50万円/kW、発電コスト25円/kWh
　高圧：機器30万円/kW、発電コスト17円/kWh
・発電効率、耐久性の向上
　2025年頃に55%超→将来的には65%超
　9万時間→2025年頃に13万時間</td><td>・既築・集合住宅などの市場の開拓
・電気工事の簡素化に向けた規程整備の検討
・セルスタックの高効率化・高出力密度化等の技術開発
・セルスタック等の劣化原因の解消に向けた技術開発</td></tr>
</table>

＊…のロードマップ　水素・燃料電池戦略協議会「水素・燃料電池戦略ロードマップ（概要）」（平成31年3月12日）p.4から抜粋。

第2章　水素エネルギーの社会実装へ向けた最新動向

2-11
水素・燃料電池戦略ロードマップ④ 水素サプライチェーン

本ロードマップでは、水素供給に関する将来見通しを示した上で、それを実現する手段としてアクションプランを提示しています。アクションプランを示すことで、目標実現に向けて取り組むべき具体的な行動を明確化し、官民で共有することを狙っています。

▶▶ 低コストでの水素調達・供給の実現

水素・燃料電池戦略ロードマップでは、水素コスト（プラント引渡しコスト）について、2030年頃には30円/Nm^3程度、将来的には20円/Nm^3程度まで低減することを目標に掲げています。同時に、LNG価格の推移を考慮し、環境価値も含めて従来のエネルギーと遜色のない水準まで低減させていくとしています。

実現に向けたアクションプランとしては、安価な海外エネルギー資源を確保するため、民間ベースの取り組みに加え、政府間レベルでの権益確保や資源獲得に向けた関係構築を図るなどとしています。

▶▶ 国際的な水素サプライチェーンの開発

本ロードマップでは、褐炭のガス化による水素製造のコストについて、ガス化炉の効率向上などにより、現状では数百円/Nm^3かかるのを、12円/Nm^3まで引き下げるとしています。また、CCSについて、CO_2の分離回収コストの低減に向けた研究開発を推進し、2020年頃の技術確立、および2,000円台/$t-CO_2$の回収コストの実現を目指すとしています。さらに、貯蔵・輸送については、水素液化原単位を現状の13.6kWh/kgから6kWh/kgへ引き下げるという目標を掲げています。

実現に向けたアクションプランとしては、褐炭のガス化炉の大型化・高効率化や水電解装置の効率・耐久性の向上に向けた研究開発に取り組むとしています。また、CO_2貯留技術の実証・モニタリング技術の確立や、CO_2分離回収技術の低コスト化に向けた研究開発などを進める計画です。さらに、液化水素貯蔵タンクの大型化、

液化水素運搬船の大型化、水素液化効率の向上などについて、研究開発を進めるとしています。

▶▶ 国内再生可能エネルギー由来水素の利用拡大

本ロードマップでは、世界最高水準の再生エネ水素製造技術の確立に向け、水電解装置システムのコストを2030年までに5万円/kWまで引き下げることを目指すのに加え、アルカリ形水電解装置と固体高分子（PEM*）形水電解装置のそれぞれについて、エネルギー消費量やメンテナンスコストなどの目標値を設定しています。

アクションプランとしては、水電解技術について、現行のNEDOにおけるプロジェクトの成果を踏まえ、電流密度や効率、耐久性のさらなる向上のための技術開発を進めるとしています。また、福島浪江での実証成果を活かし、社会実装に向けたモデル地域での実証をさらに展開していく予定です。

水素サプライチェーンのロードマップ*

		目指すべきターゲット	ターゲット達成に向けた取組
水素サプライチェーン	化石燃料+CCS	• 2030年頃の水素供給コスト30円/Nm³の実現に向け、日豪褐炭水素プロジェクトの成果を踏まえ、2020年代前半に達成すべき基盤技術の目標を設定 ＜製造＞ • 褐炭ガス化による水素製造コストの低減 （褐炭水素PJでの製造コスト数百円/Nm³→12円/Nm³） ＜貯蔵・輸送＞ • 水素液化効率の向上 （褐炭水素PJでの液化原単位13.6kWh/kg→6kWh/kg） • 液化水素タンクの大型化 （褐炭水素PJでのタンク容量数千m³→5万m³） ＜CCS＞ • CO₂分離回収コスト低減 （日本でのコスト4,200円台/t-CO₂→2,000円台/t-CO₂）	• 褐炭ガス化炉の大型化・高効率化に向けた技術開発 • 高効率な水素液化を可能とする革新的な液化機構造（非接触軸受）の開発 • 高い断熱性を備えたLNG並の大型タンクが製造可能となる技術の開発 • 低コストなCO₂回収技術（物理吸収法等）の開発
	再エネ水素	• 世界最高水準の再エネ水素製造技術の確立 （水電解装置システムコスト20万円/kW→2030年5万円/kW エネルギー消費量：5kWh/Nm³→2030年4.3kWh/Nm³）	• 福島浪江での実証成果を活かした、社会実装に向けたモデル地域実証の展開 • 水電解装置の高効率化、耐久性向上に向けた技術開発 • 地域資源を活用した水素サプライチェーン構築

＊**PEM**　Polymer Electrolyte Membraneの略。
＊…**のロードマップ**　水素・燃料電池戦略協議会「水素・燃料電池戦略ロードマップ（概要）」（平成31年3月12日）p.3から抜粋。

2-12
自治体の取り組み

国だけでなく、地方自治体レベルでの水素エネルギー活用の取り組みも広がりを見せています。ここでは、自治体の水素エネルギーの導入拡大に向けた取り組みを概観した上で、先進的な取り組みを進める川崎市と神戸市の事例を紹介します。

▶▶ 自治体の水素エネルギーに対する取り組み

2014年に、トヨタが世界で初めて量産型の燃料電池自動車「MIRAI」を発売したことを契機として、四大都市圏だけでなく、それらの拠点を接続する地域の自治体においても、水素ステーションの設置計画やFCVの普及計画の策定などが進められるようになりました。

このような動きは多くの地方自治体に広がっており、図は主な自治体のFCV普及に向けた取り組みの例を示しています。各自治体では、水素ステーションの整備の支援や水素エネルギーの導入拡大のための協議会の設置などに取り組んでいます。

▶▶ 川崎市の取り組み

川崎市では、2015年3月に、「水素社会の実現に向けた川崎水素戦略」を策定しています。川崎水素戦略では、3つの基本戦略として、①水素供給システムの構築、②多分野にわたる水素利用の拡大、③社会認知度の向上を示しています。そして産学官が連携し、さまざまなリーディングプロジェクトを実施しています。

このうち水素サプライチェーン構築モデル事業では、ブルネイで調達した水素をコンテナで海上輸送し、川崎臨海部で火力発電の燃料として使用します。2020年1月から運用を開始し、1年間で最大210トン（燃料電池自動車フル充填 約4万台分相当）の水素を供給する予定です。なお、本実証事業は、千代田化工建設、三菱商事、三井物産、日本郵船の4社が設立した「次世代水素エネルギーチェーン技術研究組合」が主体となって運営されます。

▶▶ 神戸市の取り組み

　神戸市では、「水素スマートシティ神戸構想の推進」を掲げ、官民が連携して、水素エネルギーの利活用拡大に向け、さまざまな取組みを行っています。水素サプライチェーン構築実証事業では、オーストラリアの未利用褐炭を用いて、液化水素を製造・貯蔵および海上輸送し、日本で荷揚するシステムの構築を目指しています。また、水素エネルギー利用システム開発実証事業では、水素を燃料としたガスタービンによる水素発電システムにより、電気と熱を近隣の公共施設へ供給しています。

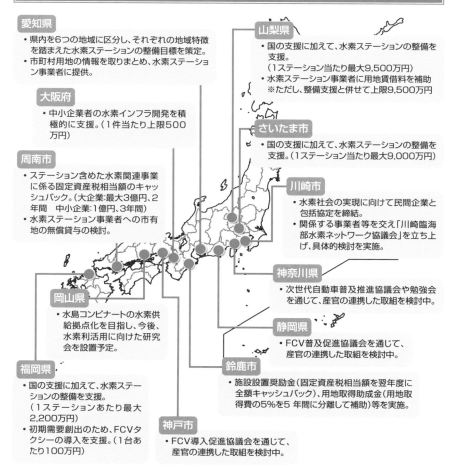

燃料電池自動車の普及に向けた自治体の取り組み例※

愛知県
• 県内を6つの地域に区分し、それぞれの地域特徴を踏まえた水素ステーションの整備目標を策定。
• 市町村用地の情報を取りまとめ、水素ステーション事業者に提供。

大阪府
• 中小企業者の水素インフラ開発を積極的に支援。（1件当たり上限500万円）

周南市
• ステーション含めた水素関連事業に係る固定資産税相当額のキャッシュバック。（大企業：最大3億円、2年間　中小企業：1億円、3年間）
• 水素ステーション事業者への市有地の無償貸与の検討。

岡山県
• 水島コンビナートの水素供給拠点化を目指し、今後、水素利活用に向けた研究会を設置予定。

福岡県
• 国の支援に加えて、水素ステーションの整備を支援。（1ステーションあたり最大2,200万円）
• 初期需要創出のため、FCVタクシーの導入を支援。（1台あたり100万円）

神戸市
• FCV導入促進協議会を通じて、産官の連携した取組を検討中。

山梨県
• 国の支援に加えて、水素ステーションの整備を支援。（1ステーション当たり最大9,500万円）
• 水素ステーション事業者に用地賃借料を補助※ただし、整備支援と併せて上限9,500万円

さいたま市
• 国の支援に加えて、水素ステーションの整備を支援。（1ステーション当たり最大9,000万円）

川崎市
• 水素社会の実現に向けて民間企業と包括協定を締結。
• 関係する事業者等を交え「川崎臨海部水素ネットワーク協議会」を立ち上げ、具体的検討を実施。

神奈川県
• 次世代自動車普及推進協議会や勉強会を通じて、産官の連携した取組を検討中。

静岡県
• FCV普及促進協議会を通じて、産官の連携した取組を検討中。

鈴鹿市
• 施設設置奨励金（固定資産税相当額を翌年度に全額キャッシュバック）、用地取得助成金（用地取得費の5%を5年間に分離して補助）等を実施。

※…取り組み例　新エネルギー・産業技術総合開発機構「NEDO水素エネルギー白書」p.36より。

原発と社会受容性

　皆さんは「社会受容性」という言葉をご存知でしょうか？

　社会受容性とは、企業や施設や新技術などが地域社会や国民から理解され、賛同を得て受け入れられることをいいます。原子力発電に関して言えば、2011年3月の福島の原発事故以降、社会受容性が著しく低下して賛同が得られなくなり、地域住民に受け入れてもらうことが難しくなっています。

　それまでは、万一原発で事故が起きても、放射能が漏れ出さないように幾重もの安全対策を施しているから大丈夫、といった説明（いわゆる安全神話）により、概ね地域住民の賛同が得られていました。

　しかしながら、私たちは現実に福島の原発事故を目の当たりにしました。そして事故から9年が経過しても、自宅に帰れない人たちがいることを知っています。放射線量の高い帰還困難地域がいまなお残されているのです。

　私たちは、ひとたび原発事故が起きてしまった際に、負わされる損害の大きさを理解しました。それは肉体的、精神的、経済的に大きな苦痛をともないます。この体験が私たちの記憶に残っているうちは、社会受容性の観点から原発の新設や再稼働は極めて難しくなるのです。

　一方、政府は2030年の電源構成について、火力56％、再生可能エネルギー22〜24％、原子力22〜20％という目標を設定しています。

　現在、日本には33基の商業用原子力発電所があり、9基が運転中（2019年11月時点）です。電源構成における原子力の実績をみると、原発事故前の2010年の29％に対し、2019年は6.5％にとどまっています。新規制基準の審査を通過しても、再稼働できていない原発が6基（2019年11月時点）あり、原発の立地自治体や周辺自治体の理解を得ることが難しい状態が続いています。

　政府が2030年の原子力22〜20％の目標達成を本気で考えているのであれば、原発の意義や問題点を真正面から議論し、原発に対する社会受容性を高める努力が必要なのではないでしょうか。ただし、政府が説得力のある説明をできるのかは、疑問が残るところです。

水素エネルギービジネスの全体像

　企業は SDGs に対する配慮や ESG 投資への対応が求められており、脱炭素化に責任を持って取り組むことが不可欠になっています。

　一方、世界の水素インフラ市場は、2050 年には 160 兆円に拡大するという予測もあり、欧米のグローバル企業や日本企業はその獲得に乗り出しています。

　このような中、日本では水素を製造し利用するためのサプライチェーン構築に向けた実証事業が進められています。実証事業には多数の企業がかかわっており、水素エネルギービジネスの業界地図は、今まさに描かれつつあります。

3-1
変化するビジネス環境

近年、企業は10年〜30年後をみて経営できているかが、問われるようになりました。持続可能性を示せる企業には世界中から投資が集まり、そうでない企業からは投資が引き揚げられるようになっています。ここでは、SDGsやESG投資について解説します。

▶▶ SDGsが企業の重要課題に

持続可能な開発目標（SDGs[*]）とは、2015年9月の国連サミットで採択された「持続可能な開発のための2030アジェンダ」に記載されている、2016年から2030年までの国際目標のことです。SDGsは、持続可能な世界を実現するための17のゴールと169のターゲットから構成されています。そこには、地球上の誰一人として取り残さないことを目指し、先進国と途上国が一丸となって達成すべき目標が示されています。

17のゴールの内容は、①貧困をなくそう、②飢餓をゼロに、③すべての人に健康と福祉を、④質の高い教育をみんなに、⑤ジェンダー平等を実現しよう、⑥安全な水とトイレを世界中に、⑦エネルギーをみんなに、そしてクリーンに、⑧働きがいも経済成長も、⑨産業と技術革新の基盤をつくろう、⑩人や国の不平等をなくそう、⑪住み続けられるまちづくりを、⑫つくる責任、つかう責任、⑬気候変動に具体的な対策を、⑭海の豊かさを守ろう、⑮陸の豊かさも守ろう、⑯平和と公正をすべての人に、⑰パートナーシップで目標を達成しよう、となっています。

169のターゲットは、17のゴールを具体的に示したものです。たとえば、「⑬気候変動に具体的な対策を」のターゲットとして、「すべての国々において、気候関連災害や自然災害に対する強靱性（レジリエンス）および適応の能力を強化する」「気候変動対策を国別の政策、戦略および計画に盛り込む」「気候変動の緩和、適応、影響軽減および早期警戒に関する教育、啓発、人的能力および制度機能を改善する」などがあげられています。

＊**SDGs**　Sustainable Development Goalsの略。

　日本国内でもSDGsの達成に向けた動きが活発化しており、企業にはSDGsを取り込んで経営戦略や事業計画を立てることが、求められるようになっています。先進的な企業では、SDGsを経営強化の好機と捉えて、さまざまな取り組みを始めています。

▶▶ ESG投資の拡大

　ESG投資とは、従来の財務情報だけでなく、環境（Environment）・社会（Social）・ガバナンス（Governance）の要素も考慮した投資のことです。近年、年金基金などの大きな資産を超長期で運用する機関投資家を中心に、企業経営のサスティナビリティを評価するという考え方が広まり、気候変動などを考慮した長期的なリスクマネジメントなどを評価して、ESG投資を行うようになっています。

　「気候変動問題にどのように対処するか」という観点から、企業には脱炭素化に責任を持って取り組むことが求められるようになっており、その解答の1つとなるのが水素エネルギーの活用なのです。

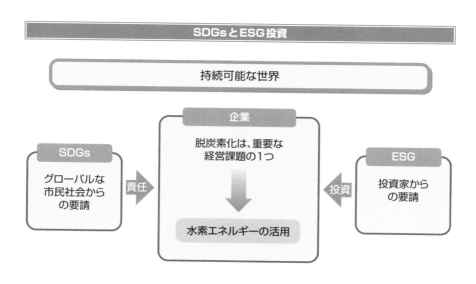

SDGsとESG投資

持続可能な世界

企業
脱炭素化は、重要な
経営課題の1つ
↓
水素エネルギーの活用

SDGs
グローバルな
市民社会から
の要請

責任

ESG
投資家から
の要請

投資

3-2
水素エネルギーの市場規模は？

市場調査会社などによって、水素エネルギーの市場規模の予測がいくつか示されています。どの調査結果をみても、今後市場は急速かつ大きく拡大していくと予測しています。ここでは、世界市場と国内市場について、主な市場予測の結果をみておきましょう。

▶▶ 世界市場は？

2013年3月に、日経BPクリーンテック研究所が発行した「世界水素インフラプロジェクト総覧」によれば、世界の水素インフラの市場規模について、2020年には10兆円、2030年には40兆円弱、2040年には80兆円、2050年には160兆円に拡大すると予測しています。ここでは、燃料電池自動車、水素ステーション、定置型燃料電池、水素発電所、水素基地やパイプライン等の周辺インフラを積算して、水素インフラの市場規模を求めています。

一方、2017年11月に、水素協議会（Hydrogen Council）が公表した報告書「Hydrogen Scaling Up（水素市場の拡大）」によれば、2050年までにエネルギー起源CO_2排出量の60％削減が必要であるという前提のもと、その実現のために水素が活用されることで、2.5兆ドルの市場と3,000万人の雇用が創出されると試算しています。

▶▶ 国内市場は？

日本エネルギー経済研究所によれば、国内の水素・燃料電池関連の市場について、2030年に1兆円弱、2050年には8兆円に拡大すると予測しています。この予測では、定置用燃料電池、燃料電池自動車、水素発電、水素供給インフラ、水素を積算して、水素・燃料電池関連の市場規模を求めています。

現状では家庭用燃料電池システムなどの定置用燃料電池の普及が始まった段階ですが、これから燃料電池自動車の導入と水素ステーションの整備により初期市

場が形成され、さらに水素を利用した発電の導入により、市場は大きく拡大していくと予想されます。

　一方、2019年8月に、富士経済は水素燃料関連の国内市場の調査結果を公表しています。それによれば、2018年度の73億円から、2030年度には4,085億円に拡大すると予測しています（図参照）。ここでは、水素燃料、水素輸送（大規模水素輸送、輸送用高圧容器）、水素供給（商用水素ステーション、小型水素ステーション、緊急用水素供給設備、水素コンプレッサ、蓄圧器、液化水素貯槽、水素ディスペンサ等）、水素利用（水素発電〜ガスタービン、車載用高圧容器、車載用水素センサー等）を積算して、水素燃料関連の市場規模を求めています。なお、燃料電池自動車やFCバスなどの車体、定置用燃料電池などの機器の販売金額は、本市場予測には含まれていませんので、注意が必要です。

　この予測では、2025年度頃には水素燃料や水素利用が、大きく伸びるとみています。水素燃料は、FCVやFCバス・トラック向けに加え、水素発電向けの需要も高まり、2030年度には1,863億円の市場になると予想しています。また、水素利用では、CO_2削減を目的とするニーズの高まりを受けて、水素発電が伸びるとみています。

水素燃料関連の国内市場予測*

（億円）

■水素燃料　■水素輸送　■水素供給　■水素利用

4,085億円

73億円

2016年度　2017年度　2018年度　2019年度見込　2020年度予測　2025年度予測　2030年度予測

＊…**市場予測**　富士経済ホームページ「水素燃料関連の国内市場調査」（https://www.fuji-keizai.co.jp/press/detail.html?cid=19061&view_type=1）より。

第3章　水素エネルギービジネスの全体像

3-3
グローバル企業の動向

　世界的に水素エネルギーの活用についての関心が高まっており、さまざまなグローバル企業が経営戦略の中に「水素」を入れ込むようになっています。ここでは、米国や欧州の企業に着目し、水素の利用や水素エネルギー分野での事業展開について解説します。

▶▶ 米国企業の動向

　GAFA（ガーファ）の一角を占めるGoogle（グーグル）は、サスティナビリティの確保に注力しており、CO_2の排出削減に取り組んでいます。2017年には、データセンターとオフィスで消費する電力について、100%再生可能エネルギーへの切り替えを達成しています。それに先立つこと10年ほど前の2008年7月には、Bloom Energyの燃料電池（400kW）をGoogle本社に導入し、水素エネルギーの利用を始めています。

　インディアナ州コロンバスに本社を置くCumminsは、1919年の創業のグローバル企業です。Cumminsは、ディーゼルや天然ガスエンジン、ハイブリッド、電気プラットフォーム、バッテリーシステム、燃料システム、制御、エアハンドリング、フィルター、排出ガスのソリューション、電力発電システムを含む関連技術など、多岐にわたる製品群を手掛けています。当社は、水素エネルギー分野の事業の強化に乗り出しており、2019年9月に燃料電池や水素製造技術を提供するHydrogenics（カナダ）を買収しています。加えて、2020年6月には、高圧の水素貯蔵タンクなどを設計・製造するNPROXXと合弁会社を設立しています。

▶▶ 欧州企業の動向

　フランスのパリに本社を置くAir Liquideは、世界大手の産業ガスメーカーです。水素エネルギー関連の技術開発も行っており、水素の生産や水素ステーションのインフラ建設運営において豊富な技術と経験を持っています。世界中で120

基以上の水素ステーションを設置しており、そのうち58基は直接Air Liquideが投資・運営を行っています。2019年11月に、当社は中国最大の石油供給会社のSinopecと、水素エネルギー分野において中国での協力を強化していくことを目的とした、覚書を締結しています。

　Audi（アウディ）は、1909年設立のドイツの老舗自動車メーカーであり、1964年以降はVolkswagen Group（フォルクスワーゲングループ）に属しています。Audiは、e-gasプロジェクトを立ち上げ、2013年6月から再生可能エネルギーを用いて燃料の精製を行っています。ドイツのヴェルルテの精製工場では、まず再生エネで発電した電力を用いて、水を電気分解することで水素を製造します。次に水素とCO_2と化合させて、メタンガス（Audi e-gas）を精製します。こうして生産されたメタンガスは、化石燃料である天然ガスと成分がまったく変わらないため、ドイツ国内に敷設された既存の天然ガス供給ネットワークを経由して、CNG（圧縮天然ガス）ステーションへ送られ、天然ガス自動車などの燃料として使用されています。

Audi（アウディ）のe-gasプロジェクト*

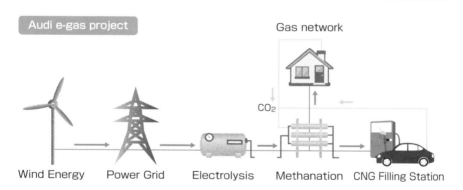

*…プロジェクト　Audi Media Centerのホームページ（https://www.audi-mediacenter.com/en/press-releases/new-audi-e-gas-offer-as-standard-80-percent-lower-co2-emissions-7353）より。

3-4
世界をリードする
日本の水素エネ技術

日本は水素エネルギーに関する技術力で世界をリードしており、世界に先駆けて新商品を市場に導入した実績があります。ここでは、燃料電池に関する特許出願件数の国際比較、具体的な技術開発の成果、NEDOによる研究開発の支援について解説します。

▶▶ 日本の技術力は？

エネルギーに関連する技術は数多くありますが、その中でも水素エネルギーに関する技術は、日本が世界を大きくリードしている数少ない分野の1つです。日本は40年以上にわたり、産学官が一体となって水素や燃料電池（FC）の研究・開発を進めており、世界に誇れる優れた技術力を持っています。

たとえば、特許庁が2012年4月に公表した「特許出願技術動向調査報告書（概要）燃料電池」では、2005 ～ 2009年の5年間における、日本、米国、欧州、中国、韓国への特許出願（優先権主張）の動向を調査しています。これによれば、燃料電池に関する特許の日米欧中韓への出願件数は、合計42,019件であり、このうち日本の出願件数が最も多く、19,445件で全体の46％を占めています。次に多い米国は7,422件（18％）であり、日本が他の国々を大きく引き離していることがわかります。

なお、特許の出願件数だけで技術力の優劣を評価することはできませんが、出願件数の多さが特許保有件数の多さにつながれば、それが技術的な資産の保有量の多さにつながります。そう考えれば、特許の出願件数は技術力評価の目安になり、日本が優れた技術力を持つことの裏づけとなるのです。また、出願件数の多さは、研究開発が活発に行われていることの証でもあります。

ここで、具体的な技術開発の成果についても確認しておきましょう。2009年5月に、日本において世界で初めて、家庭用燃料電池「エネファーム」の一般販売が開始されました。また、2014年12月に、トヨタが世界初となる量産型の燃料

電池自動車「MIRAI」を発売しています。

▶▶ NEDOによる研究開発の支援

　日本では、**新エネルギー・産業技術総合開発機構**（NEDO）が中心となって、水素や燃料電池の研究開発を支援しています。NEDOは1980年に設立され、直後の1981年度から燃料電池分野の研究開発を開始しています。まず業務用への適用を目指してりん酸形燃料電池（PAFC）の技術開発が行われ、その後、固体酸化物形燃料電池（SOFC）、固体高分子形燃料電池（PEFC）の技術開発などが推進されてきました。

　社会に新技術を導入するに当たっては、それに先立ち実証研究が必要になります。たとえば、NEDOでは、2005年度から2009年度に、エネファームの市場導入を円滑に進めるため、約3,300台の1kW級定置用固体高分子形燃料電池システムの大規模かつ広域的な実証研究を行っています。

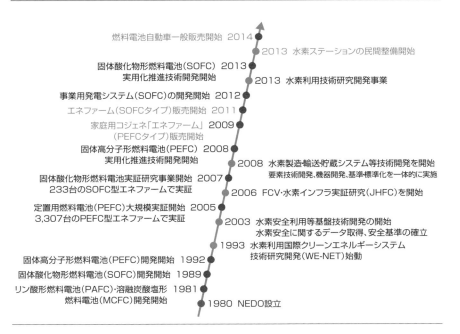

NEDOの水素・燃料電池関連の取り組み*

- 燃料電池自動車一般販売開始　2014
- 2013　水素ステーションの民間整備開始
- 固体酸化物形燃料電池（SOFC）2013 実用化推進技術開発開始
- 2013　水素利用技術研究開発事業
- 事業用発電システム（SOFC）の開発開始　2012
- エネファーム（SOFCタイプ）販売開始　2011
- 家庭用コジェネ「エネファーム」2009 （PEFCタイプ）販売開始
- 固体高分子形燃料電池（PEFC）2008 実用化推進技術開発開始
- 2008　水素製造輸送貯蔵システム等技術開発を開始 要素技術開発、機器開発、基準標準化を一体的に実施
- 固体酸化物形燃料電池実証研究事業開始　2007 233台のSOFC型エネファームで実証
- 2006　FCV・水素インフラ実証研究（JHFC）を開始
- 定置用燃料電池（PEFC）大規模実証開始　2005 3,307台のPEFC型エネファームで実証
- 2003　水素安全利用等基盤技術開発の開始 水素安全に関するデータ取得、安全基準の確立
- 1993　水素利用国際クリーンエネルギーシステム 技術研究開発（WE-NET）始動
- 固体高分子形燃料電池（PEFC）開発開始　1992
- 固体酸化物形燃料電池（SOFC）開発開始　1989
- リン酸形燃料電池（PAFC）・溶融炭酸塩形 1981 燃料電池（MCFC）開発開始
- 1980　NEDO設立

＊…取り組み　新エネルギー・産業技術総合開発機構「NEDO水素エネルギー白書」p.19より。

3-5 グローバルな水素サプライチェーン

日本には狭い島国という地理的な制約などがあり、安価な水素を大量かつ安定的に調達するに当たっては、新たなビジネスモデルの構築が必要になります。ここでは、グローバル水素サプライチェーンの概要やポイントについて解説します。

▶▶ 新たなビジネスモデルの構築

水素社会の実現に向けては、水素を利用する際の経済性を無視することはできません。燃料としての水素コストを引き下げるための新たなビジネスモデルの構築が求められています。

そこで、海外から大量かつ低コストで水素を調達するための「**グローバル水素サプライチェーン**」の構築に向け、実証事業などの取り組みが進められています（9章6節、10章2節参照）。

図は、グローバルな水素サプライチェーンの「製造⇒貯蔵・輸送⇒利用」の流れを示しています。海外で水素を大量生産し、水素ガスを効率良く運べる状態に変換して、日本まで海上輸送します。そして、大型の水素発電が商用化されれば、水素の大口需要家になりますので、このような大口顧客へ向けて、水素が安定供給されることになります。

▶▶ 水素サプライチェーンのポイント

水素の製造に当たっては、海外で現状利用されていない化石資源を使用することで、安価な原料を調達することができます。未利用資源としては、褐炭や油田・ガス田の随伴ガスがあげられます。なお、水素の生成過程などで生じるCO_2については、CCSを用いて地下貯留することで、CO_2フリーの水素を得ることができます。

また、海外には大規模な再生可能エネルギーの発電プラントが計画中のものも含め、数多く存在します。ギガソーラーや洋上風力などのように大規模に発電す

れば、規模の経済性により、大幅に発電コストを引き下げることができます。たとえば、日本の主力の発電方式であるLNG火力の発電コストが約14円/kWhであるのに対し、中東のギガソーラーで約3円/kWh、欧州の洋上風力で約6円/kWhという公表データがあります。このような安価な再生エネの電力を用いて水を電気分解し、水素を製造することで、安価に水素を調達することができます。

　水素は常温では気体であり、体積当たりのエネルギー密度が低いため、その貯蔵や輸送に当たっては、効率良く行うための工夫が必要になります。このため、水素を−253℃まで冷却して液化し、体積を1/800に小さくして貯蔵・輸送する液化水素の技術、および水素をトルエンと反応させることで常温常圧の液体に変換し、体積を1/500に小さくして貯蔵・輸送する有機ハイドライドの技術が開発されています。

　政府は水素発電について、2030年頃の商用化を目標に掲げています。水素発電が商用化されれば、その燃料としての水素が大量かつ安定的に必要になります。加えて、産業用機器や燃料電池自動車での水素需要が拡大すれば、グローバル水素サプライチェーンの構築が必須となるのです。

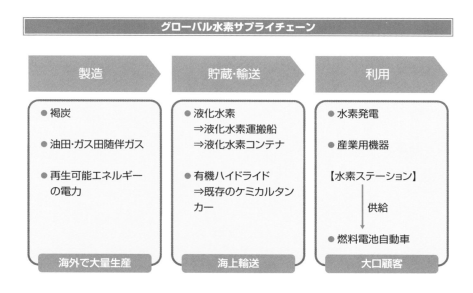

グローバル水素サプライチェーン

製造	貯蔵・輸送	利用
● 褐炭 ● 油田・ガス田随伴ガス ● 再生可能エネルギーの電力	● 液化水素 ⇒液化水素運搬船 ⇒液化水素コンテナ ● 有機ハイドライド ⇒既存のケミカルタンカー	● 水素発電 ● 産業用機器 【水素ステーション】 ↓供給 ● 燃料電池自動車
海外で大量生産	海上輸送	大口顧客

3-6
ローカルな
水素サプライチェーン

再生可能エネルギーと水素エネルギーの導入を同時に推進していくことで、CO_2 の排出を削減し、地球温暖化対策を大きく前進させることができます。ここでは、水素による余剰電力の貯蔵、ローカル水素サプライチェーンの概要やポイントについて解説します。

▶▶ 水素による余剰電力の貯蔵

いま日本各地で、それぞれの地域特性を踏まえた再生可能エネルギーの導入拡大が進められています。再生エネのうち、太陽光や風力による発電は、季節や気象条件や時間帯によって出力が変動します。電力系統では、総発電量と総消費電力量を等しくする必要があるため、再生エネによる発電出力の変動を調整する必要も生じます。

水素を利用することで、再生エネの出力変動を吸収し、電力系統を安定化させることができます。たとえば、5月頃の昼間の天気の良い時間帯に太陽光発電で生じた余剰電力を用いて、水電解により水素を製造することで、電気エネルギーを水素に変換して貯蔵しておきます。そして、夏場の室内冷房で電力需要が増加する時期に水素を使って燃料電池で発電し、不足分の電力を供給することができます。

▶▶ ローカル水素サプライチェーン

一方、電力系統の安定化だけでなく、水素を利用すれば地域のエネルギー供給（電力や熱）を支えることができます。それが、再生エネの余剰電力を水素で貯蔵して地域で利用する「**ローカル水素サプライチェーン**」です。ローカル水素サプライチェーンの構築に向け、実証事業などの取り組みが進められています（9章7節、9章9節などを参照）。

図は、ローカルな水素サプライチェーンの「製造⇒貯蔵・輸送⇒利用」の流れを示しています。地域内の再生エネから生じた余剰電力を水素に変換することで

蓄エネルギーを行います。そして、水素は圧縮水素などにして近距離輸送され、利用先で地産地消されます。

▶▶ 水素サプライチェーンのポイント

　水素の製造に当たっては、地域内（分散型エネルギーシステム）の太陽光や風力発電などで生じた余剰電力を主に使用して、水素を製造します。製造した水素は、高圧で圧縮するなどして貯蔵しておきます。

　地域内の利用先の水素需要に応じて、水素は供給されます。水素の輸送に当たっては、圧縮水素をシリンダーに詰めてトレーラーで運ぶ方法や、パイプラインを敷設して中圧で水素を送る方法などがあります。

　純水素型の業務・産業用燃料電池をコージェネレーション・システムとして使用し、オンサイトで電力と熱を同時に供給することで、高いエネルギー効率を実現できます。また、適切なロケーションに配置された水素ステーションにおいて、燃料電池自動車に水素の充填を行います。このように、分散型のシステムにより、効率良くエネルギーの地産地消が行われます。

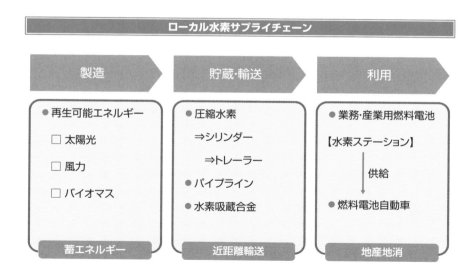

ローカル水素サプライチェーン

製造	貯蔵・輸送	利用
● 再生可能エネルギー □ 太陽光 □ 風力 □ バイオマス	● 圧縮水素 ⇒シリンダー ⇒トレーラー ● パイプライン ● 水素吸蔵合金	● 業務・産業用燃料電池 【水素ステーション】 ↓供給 ● 燃料電池自動車
蓄エネルギー	近距離輸送	地産地消

第3章　水素エネルギービジネスの全体像

水素エネルギービジネスの業界地図は、今まさに描かれつつあります。ここでは、水素サプライチェーンと水素の需要・供給の好循環の創出、グローバル水素サプライチェーンの主要なプレーヤーについて解説します。

▶▶ 需要と供給の好循環の創出

　グローバル水素サプライチェーンとローカル水素サプライチェーンは、それぞれが独立したものではなく、相互に連結したシステムとして考える必要があります。起点は利用サイド、すなわち水素の需要になりますので、政府や自治体の後押しも受けながら、水素エネルギー業界全体で需要を創出するための取り組みが求められます。水素の需要がある程度の規模まで拡大すれば、燃料としての水素コストが下がるだけでなく、それに合わせて供給体制が整備されていきますので、水素サプライチェーンの強化につながります。

　水素サプライチェーンや水素供給インフラが整ってくれば、水素ユーザーの利便性が増します。たとえば、燃料電池自動車（FCV）では、水素ステーションが全国各地に適切に配置され、燃料切れの心配をせずに運転できるようになれば、ガソリン車からFCVへの切り替えのハードルは大きく下がります。FCVの導入が拡大すれば、水素の需要がさらに拡大し、グローバル水素サプライチェーンとローカル水素サプライチェーンもさらに強化されます。このような水素の需要と供給の好循環により、水素エネルギー産業は日本の基幹産業へと育っていくのです。

▶▶ 主要プレーヤー

　図は、水素サプライチェーン（HSC）をベースにして、今まさに描かれつつある水素エネルギー分野の業界地図を示しています。

　国内重工大手3社の一角を占める川崎重工業には、ロケット燃料用液化水素タンク、LNG貯蔵タンクやLNG運搬船などを世に送り出してきた、長年の実績があり

ます。当社は水素液化機、液化水素運搬船、ローディングシステム、液化水素タンク、液化水素コンテナ、水素ガスタービンなど、幅広い水素インフラ向けの設備等に関する製造技術を持っています。

　産業・家庭用ガスの商社かつメーカーである岩谷産業は、水素のトップサプライヤーです。中でも液化水素に関しては、国内唯一のサプライヤーであり、製造・貯蔵・輸送・供給といった液化水素インフラの関連技術やハンドリングにおいて、豊富なノウハウを蓄積しています。また、当社は燃料電池自動車の普及を後押しするため、水素ステーションの建設や運営も行っています。

　千代田化工建設は、ガス、電力、石油、石油化学などの大規模プラントを手掛けるエンジニアリング会社です。当社は水素を大規模に貯蔵・輸送できる有機ケミカルハイドライド法の技術開発を行っており、次世代水素エネルギーチェーン技術研究組合がNEDOの助成を受け、水素化プラントと脱水素プラントを建設しています。

業界地図

グローバルHSC

川崎重工業（重工メーカー）：幅広い水素インフラの製造技術

千代田（エンジニアリング）：有機ハイドライド技術

岩谷産業（産業ガスメーカー）：水素のトップサプライヤー

商社：丸紅　三菱商事　三井物産

製造　　　　貯蔵・輸送　　　　利用

ローカルHSC

水電解装置：
日立造船　旭化成

水素ステーション：
ENEOS
岩谷産業

ＦＣＶ：
トヨタ　ホンダ

純水素燃料電池：
東芝　パナソニック

素材：ＡＧＣ（イオン交換膜）
東レ（電解質膜、炭素繊維）

蓄圧器：高圧昭和ボンベ
日本製鋼所　日本製鉄

エネルギーシステム：日立　清水建設　東光高岳

座礁資産からの
ダイベストメントが加速

　「座礁資産（Stranded Assets）」とは、市場環境や社会環境の急激な変化にともない、大きく価値が毀損してしまう資産のことをいいます。地球温暖化による気候変動問題への懸念が高まる中、石炭、石油、天然ガスなどの化石燃料は座礁資産とみなされるようになっています。

　これまでのように重要なエネルギー源として使用できる間は、化石燃料には資産価値があります。ただし、これからは温暖化対策の実行が強く求められるようになり、二酸化炭素の排出量を大幅に削減することが必須の社会になります。これによって化石燃料の使用が大きく制限されると、化石燃料の資産価値は大きく下がり、座礁資産となってしまうのです。将来的には、ほとんどの化石燃料が地中に埋蔵されたまま使用できなくなることが予想されます。

　一方、ダイベストメント（Divestment）とは、金融機関や機関投資家などが特定の資産に対する投融資を引き揚げることをいいます。近年、座礁資産からダイベストメントする動きが進み、欧米を中心に金融市場では気候変動リスクなどを投融資判断に加えることがスタンダードとなりつつあります。

　とりわけ石炭に対するダイベストメントの動きが顕著になっています。たとえば、2015年6月に、ノルウェー議会において、ノルウェー公的年金基金が保有する石炭関連株式を全て売却する方針が正式に承認されました。

　同年10月には米国カリフォルニア州において、州内の2つの年金基金（職員退職年金基金、教職員退職年金基金）に対し、発電用の石炭に関連する企業に新規に投資することなどを禁ずる法律が成立しています。また、2017年1月には、大手金融機関のドイツ銀行が、新規の石炭火力発電所の建設や既存の石炭火力発電所の拡張に対する投融資を行わない、という方針を公表しました。

　上述のノルウェー公的年金基金のダイベストメントの中には、日本の北海道電力や四国電力の株式も含まれています。グローバルな金融市場では、化石燃料資産を保有することはビジネスリスクが大きな行為であると認識されるようになっているのです。

第 **4** 章

水素の製造

　地球上に水素が単体（H_2）の状態で存在することは、ほとんどありません。ただ、水素（H）は他のさまざまな元素と化合し、たとえば水（H_2O）のような化合物として、地球上に豊富に存在しています。

　水素を製造するには、Hを含む化合物を分解することで、水素ガスを取り出します。したがって、水素はさまざまな化合物から、多様な方法により製造することができます。

　水素の製造法としては、化石燃料改質、副生水素、水の電気分解、バイオマス、水の熱分解、光触媒を用いる方法があげられます。

4-1
化石燃料から作る

1章3節「水素はどうやって作るの?」で説明したように、水素は多様な方法で製造することができます。ここでは、化石燃料の改質について、その特徴、製造法、仕組み、水素製造装置メーカーの動向などについて解説します。

▶▶ 化石燃料改質

化石燃料を改質して水素を製造する方法は、既に世界的に広く実用化されており、石油精製工場などで導入されています。比較的安価に水素を製造することができ、安定的かつ大規模な生産が可能であるというメリットがあります。反面、製造プロセスでCO_2を排出するというデメリットがあります。

天然ガスやナフサなどの化石燃料の改質には、水蒸気改質法、部分酸化改質法、オートサーマル改質法があり、このうち最も一般的に用いられるのが水蒸気改質法です。現状では、世界中で天然ガス(メタン)の水蒸気改質が全水素製造の50%程度、ナフサの水蒸気改質(含む石化脱水素)が同30%程度を占めると言われています。

ここでメタンから水素を製造する仕組みを見ておきましょう(図参照)。化学反応式は、次の通りになります。

$$CH_4 + H_2O \rightarrow CO + 3H_2 \quad \text{(水蒸気改質反応)}$$
$$CO + H_2O \rightarrow H_2 + CO_2 \quad \text{(シフト反応)}$$

まず、**水蒸気改質反応**では、メタンと水蒸気を700〜850℃、3〜25気圧で反応させて、一酸化炭素と水素を発生させます。次に、**シフト反応**では、発生した一酸化炭素と水蒸気を反応させて、水素と二酸化炭素を発生させます。シフト反応によって、一酸化炭素を低減し、目的である水素の濃度を高めます。

▶▶ メーカーの動向

　三菱化工機は、小型オンサイト水素製造装置「HyGeia(ハイジェイア)」を開発し、各種産業用途や水素ステーション向けに販売しています。HyGeiaは、都市ガス（天然ガス）やLPG(プロパンガス)を原料に水蒸気改質法により、ファイブ・ナイン(99.999%)以上の純度で水素ガスを製造することができます。近年は、FCVの普及拡大に向けて建設が推進されている商用水素ステーションにおいて、数多く採用されています。

　大阪ガスは、長年培った高性能触媒技術を活かし、コンパクト水素製造装置「HYSERVEシリーズ」を開発しています。HYSERVEは、都市ガスを原料にして、オンサイトで高純度水素（ファイブ・ナイン以上）を発生させることができる装置であり、各種産業用途や水素ステーション向けに販売しています。たとえば、産業用途としては、製鉄所やガラス工場等にHYSERVEを設置して水素を製造し、鋼板光輝焼鈍、SUS線材光輝焼鈍、ガラス製造等の工程へ水素を供給しています。

第4章　水素の製造

メタンから水素を取り出す反応*

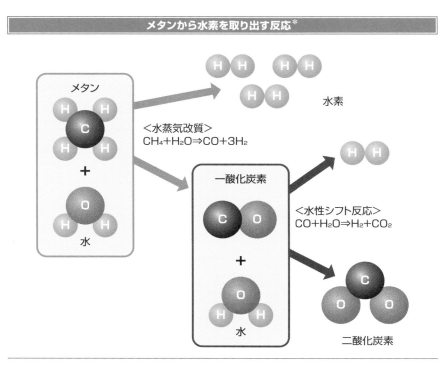

メタン

H H
C
H H

＋

O
H 　 H
水

＜水蒸気改質＞
$CH_4 + H_2O \Rightarrow CO + 3H_2$

水素
HH　HH
HH

一酸化炭素

C O

＋

O
H 　 H
水

＜水性シフト反応＞
$CO + H_2O \Rightarrow H_2 + CO_2$

HH

C
O 　 O
二酸化炭素

＊…取り出す反応　TDKのホームページ（https://www.jp.tdk.com/tech-mag/knowledge/181）より。

4-2
副産物として発生

1章3節で説明したように、水素は多様な方法で製造することができます。ここでは副生水素について、その定義や特徴、どんな工場で発生してどのように利用されているのか、および未利用副生水素を活用するための実証事業について解説します。

▶▶ いろいろな副生水素

副生水素とは、装置産業の製造プロセスの中で、本来の目的となる生産物とは別に、副次的に産出される水素ガスのことをいいます。副次的に産出されるため、水素の製造コストは安くなるのですが、副生する水素の量は限られています。

苛性ソーダ、石油化学、鉄鋼、石油精製といった製造プラントから副生水素が得られます（図参照）。

食塩電解工場では、苛性ソーダ（水酸化ナトリウム）と塩素を作ることが主な目的になりますが、副次的に水素も生産しています。ここで産出される水素ガスは純度が高い（99.9%以上）という特長があり、工場内の他の製造プロセスの原料やボイラー等の燃料として利用されるだけでなく、一部は外販されています。

石油化学の工場では、エチレンやプロピレンを生産する設備（ナフサ分解装置やエチレンプラント）の深冷分離工程で水素が発生します。なお、エチレンやプロピレンは、ポリエチレンやポリプロピレン等を生産するための基礎原料として用いられます。発生した水素は回収され、下流部門のプラントや燃料用ガスとして消費されています。

製鉄所の製鉄プロセスでは、コークス炉ガス（COG）、高炉ガス（BFG）、転炉ガス（LDG）が発生します。特に石炭の乾留ガスであるCOGには55%程度の水素が含まれており、OCGを処理して水素を分離することで、純度の高い水素ガスを取り出すことができます。なお、現状では、COGは鋼材の焼鈍用や熱源、発電用の燃料として、製鉄所内で消費されています。

製油所の石油精製プロセスでは、原油を処理して硫黄分や窒素分の極めて少ない高品質の石油製品を製造するため、多量の水素が使用されています。精製プロセスの一部から水素が発生するものの、石油製品の製造に必要な水素量を十分にまかなうことはできません。このため、ナフサやブタン等を水蒸気改質して水素を製造する装置（水素製造装置）を装備し、必要に応じて水素製造装置からの水素も併用しています。

▶▶ 未利用副生水素の活用の実証事業

環境省は、2015年度に「苛性ソーダ由来の未利用な高純度副生水素を活用した地産地消・地域間連携モデルの構築」事業を採択しています。

本実証事業は、代表事業者：トクヤマ、共同実施者：山口県・下関市・周南市、共同事業者：東ソーという体制で実施されています。苛性ソーダ工場から発生する未利用の副生水素を回収し、それを液化・圧縮等により周辺地域（周南市や下関市）へ輸送して、定置用燃料電池や燃料電池自動車などで利用する、といった取り組みが進められています。

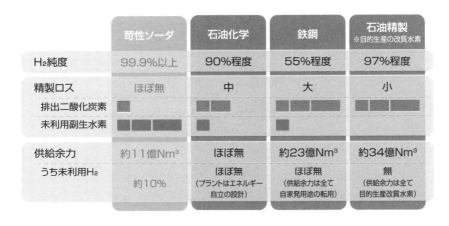

副生水素の比較[*]

	苛性ソーダ	石油化学	鉄鋼	石油精製 ※目的生産の改質水素
H₂純度	99.9%以上	90%程度	55%程度	97%程度
精製ロス	ほぼ無	中	大	小
排出二酸化炭素	■	■■	■■■	■■■
未利用副生水素	■■■	■	■	
供給余力	約11億Nm³	ほぼ無	約23億Nm³	約34億Nm³
うち未利用H₂	約10%	ほぼ無 （プラントはエネルギー自立の設計）	ほぼ無 （供給余力は全て自家発用途の転用）	無 （供給余力は全て目的生産改質水素）

※…の比較　環境省地域連携・低炭素水素技術実証事業「苛性ソーダ由来の未利用な高純度副生水素を活用した地産地消・地域間連携モデルの構築」（実証期間 平成27年度〜平成31年度（予定）） パンフレットp.3

4-3
水の電気分解

　再生可能エネルギー由来の水素は、製造時も使用時もCO_2を排出しないため、CO_2フリー水素、もしくはグリーン水素と呼ばれます。ここでは、水電解による水素製造について、由来する電源による比較、製造方法、装置メーカーの動向について解説します。

▶▶ 水電解による水素

　水電解による水素製造は、文字通り水を電気分解することにより、水素を作ります。水素の生成には電力が必要になる訳ですが、電気を何から作るかによって、環境性、経済性、安定性に違いが出てきます。

　化石燃料を燃やす火力発電からの電力を用いれば、発電時にCO_2が排出されるため、環境性が悪くなります。反面、比較的安価な製造コストで、大規模かつ安定的に水素を製造することができます。

　再生可能エネルギーからの電力を用いれば、CO_2の排出がまったくないため、環境性に優れています。反面、現状では発電コストが高くなるため水素の製造コストも高くなること、加えて太陽光や風力発電では出力が変動することが課題となります。

▶▶ 水素の製造方法

　水電解による水素の製造方法としては、アルカリ水電解法と固体高分子形水電解法が既に商用化されています（図参照）。

　アルカリ水電解法は、水酸化カリウム（KOH）を溶かした強アルカリの水溶液に電流を流して水素を製造します。陰極側では水素を、陽極側では酸素を取り出すことができます。海外において、大規模水素製造用として工業分野での実績があります。

　固体高分子形水電解法は、高分子で作られた陽イオン交換膜を利用して、陰極

側で水素、陽極側で酸素を取り出します。大型の水槽が必要になるアルカリ水電解法と比べ、固体高分子形水電解法は設置場所が小さくて済みます。ただし、電極や高分子膜のコスト低減が課題になります。

▶▶ メーカーの動向

　日立造船は、固体高分子形水電解法により、水を電気分解して高純度の水素ガスを発生供給するオンサイト型水素発生装置「HYDROSPRING」を開発し、販売しています。HYDROSPRINGは、純度99.9999%、露点−70℃の高純度水素を製造することが可能で、水素発生量は小容量（1Nm³/h)から大容量(100Nm³/h以上）まで幅広くラインアップを揃えています。

　旭化成は、保有する苛性ソーダ・塩素製造用食塩電解プラントの技術ノウハウを活かし、NEDOの助成も受けながら、水電解装置の開発に取り組んできました。2020年4月に、福島県浪江町の「福島水素エネルギー研究フィールド」において、1万kW級大型アルカリ水電解システム（定格運転時の水素生産能力：1,200Nm³/h）を立ち上げ、水素の供給運転をスタートさせています。

第4章 水素の製造

水電解の仕組み[*]

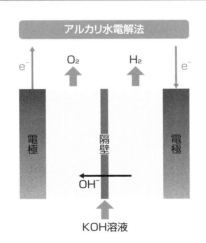

アルカリ水電解法

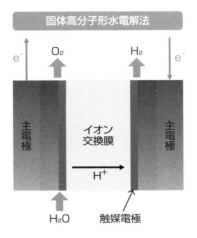

固体高分子形水電解法

※…**の仕組み**　新エネルギー・産業技術総合開発機構「NEDO水素エネルギー白書」p.109より。

4-4
バイオマスから作る

バイオマス由来の水素には、カーボンニュートラル（ライフサイクルの中で、CO_2の排出と吸収がプラスマイナスゼロのこと）であるという特長があります。ここでは、バイオマスの種類、水素の製造方法、バイオマスを利用した実証事業などについて解説します。

▶▶ バイオマスからの水素製造

　バイオマスとは、資源の分野では「再生可能な、生物由来の有機性資源（化石資源は除く）」を意味します。具体的には、バイオマスとして、製材工場残材・建設発生木材・家畜排せつ物・下水汚泥・食品廃棄物・紙くず（以上、廃棄物系資源）、林地残材・間伐材・稲わら・もみ殻・麦わら（以上、未利用系資源）、短周期栽培木材・牧草・藻類・糖・でんぷん・植物油（以上、生産系資源）など、多種多様なものがあげられます。

　このようなバイオマスから水素を製造する方法は、バイオマスを加熱してガス化する方法と微生物を利用する方法の2つに大別できます。加熱してガス化する方法では、製材工場残材・建設発生木材・林地残材・間伐材等のバイオマスを高い温度まで加熱し、水蒸気などと反応させて水素を発生させます。また、微生物を利用する方法では、ある種の微生物が栄養源であるバイオマス由来の基質を分解する過程でエネルギーを獲得して水素を作る、という働きを利用します。

　基本的な製造技術は確立していますが、原料となるバイオマスの種類によって温度・圧力・処理時間・処理の雰囲気等の最適条件を把握する必要があること、収集コストを含めたコスト低減が必要であることなどが、商用化へ向けた課題になります。

▶▶ バイオマス利用の実証事業

　北海道電力などは、2016年度から倶知安町（くっちゃんちょう）において、「小

規模木質バイオマス発電実証事業」に取り組んでいます（図参照）。この実証事業は、北海道電力のグループ企業である北電総合設計が、東京大学や日本森林技術協会と共同で、林野庁の補助事業へ応募し、候補者に選定されたものです。

　木質バイオマス（チップ）を流動層ガス化炉に投入し、チップを蒸し焼きにして一酸化炭素を発生させ、改質器で水素を生成します。生成した水素は、燃料電池へ供給して発電を行います。燃料電池の出力は50kW程度で、燃料電池から発生する排熱は全量回収して、ガス化炉の加熱に利用しています。

　一方、三菱化工機は、2014年度から福岡市の中部水処理センターにおいて、下水汚泥を処理する過程で発生するバイオガスから水素を取り出し、燃料電池自動車に供給する実証事業を産学官連携により実施しています。この実証事業は、国土交通省の国土技術政策総合研究所の委託研究として行われ、福岡市、九州大学、三菱化工機、豊田通商が連携して取り組んでいます。

小規模木質バイオマス発電の実証システムの概要[*]

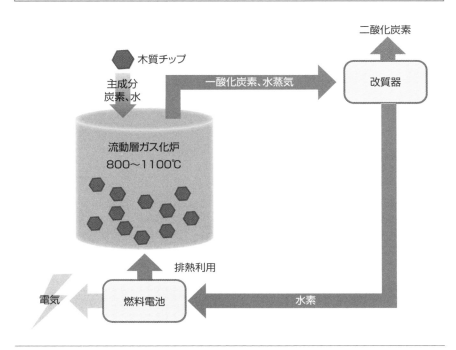

＊…の概要　北海道電力のホームページ（https://wwwc.hepco.co.jp/hepcowwwsite/info/2016/__icsFiles/afieldfile/2016/04/05/160405.pdf）より。

4-5
水の熱分解

水は高温下で水素と酸素に分解できますが、化学反応を上手く組み合わせて、水の熱分解温度を下げて水素を製造する研究が進められています。加えて、熱源に太陽エネルギーを用いたCO_2フリーの製法の技術開発が進められています。

▶▶ 水の熱分解による水素製造

水は、2,000℃以上の高温下で水素と酸素に分解できます。このような水の性質を利用して水素を製造するのが「**水の熱分解**」です。

ただし、そのような高温を確保することは困難であり、2,000℃以上の高温に耐えられる材料も限られています。

そこで、多様な化学反応を組み合わせ、900℃～400℃程度の比較的低い温度で間接的に水を熱分解し、水素を生成する方法の研究開発が進められています。水の熱分解による水素製造は、欧米や日本でいくつかの実証試験が進められているものの、商用化するにはまだまだ時間が掛かりそうです。この方法による水素製造の環境性は、利用する熱源によって異なってきますが、太陽エネルギーを用いたCO_2フリーでの製法が有望視されています。

▶▶ 化学反応の組み合わせ

国内で研究されている製法として、**ISサイクル**があります（図参照）。ISサイクルでは、まず、水にヨウ素（I_2）と二酸化硫黄（SO_2）を反応させ、ヨウ化水素（HI）と硫酸（H_2SO_4）を合成します。次に、ヨウ化水素を400℃程度で加熱・分解して水素（H_2）を生成する一方、硫酸を900℃程度で加熱・分解して酸素（O_2）を生成します。介在する物質であるヨウ素と硫黄（いおう）はサイクル内で循環するため、ISサイクルでの全反応は単なる水の熱分解反応になります。

$H_2O \rightarrow H_2 + 1/2O_2$　　（水の熱分解反応）

なお、図の高温ガス炉の代わりに太陽熱を用いれば、熱源をクリーンかつ安心なものにすることができます。

太陽熱水素製造プラントの実証

新潟大学では、太陽光を反射鏡（ヘリオスタット）で集め、スポットで得られる高温の太陽熱（1,400℃程度）を用いて水（水蒸気）を分解し、水素を製造するというプロジェクトを進めています。

本プロジェクトは、サンベルトと呼ばれる世界でも太陽日射の豊富な地域（米南西部、豪州、南スペイン、中東、北アフリカ等）での実用化を目指しています。たとえば、豪州の広大な土地に多数のヘリオスタットを設置して大規模に水素を製造し、その水素をタンカーで日本へ運んでくれば、安価な水素を調達することができます。

新潟大学と宮崎大学などは共同で、宮崎大学の敷地内に100kW級のビームダウン式太陽集光装置や水熱分解による水素製造反応器を設置し、実証試験を進めています。

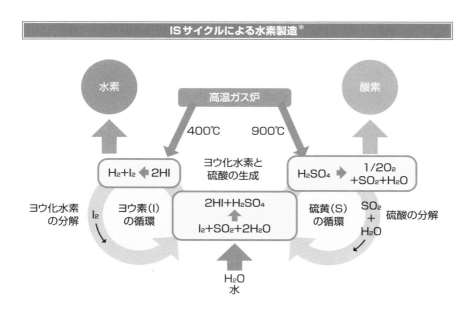

ISサイクルによる水素製造[※]

[※]…**水素製造** 新エネルギー・産業技術総合開発機構「NEDO水素エネルギー白書」p. 113より。

光触媒による水分解

無尽蔵に存在する太陽エネルギーと水を利用して水素を製造できれば、気候変動やエネルギー問題の解決に大きく近づくことができます。日本では1970年代から、水を分解して水素を製造する光触媒に関する研究が進められています。

▶▶ 光触媒による水分解で水素を生成

太陽エネルギーと**光触媒**を用いて、水を水素と酸素に分解することができます。具体的には、水の中に光触媒（酸化物や窒化物などの半導体粒子）を入れておきます。そして、光触媒の表面に太陽光を当てると、光を吸収することで負電荷をもった電子（e⁻）と正電荷をもった正孔（h⁺）が発生し、それらにより酸化還元反応が引き起こされ、水は水素と酸素に分解されます（図参照）。

技術的な課題としては、可視光で効率的に応答する光触媒の探索、エネルギー変換効率の向上、水素と酸素の混合気体から水素を分離する技術、大面積に展開可能な光触媒反応器の開発などがあげられます。なお、太陽エネルギーの約半分は可視光であるため、可視光によって水を分解できれば効率が高くなります。

現在、日本を始めとして世界各国で水分解光触媒の研究開発が進められていますが、基礎研究の段階にとどまっています。

▶▶ NEDOが研究開発を推進

2018年8月にNEDOは、人工光合成化学プロセス技術研究組合＊（ARPChem）や東京大学と共同で、太陽電池材料として知られるCIGSをベースとした光触媒を開発し、非単結晶光触媒の中では世界最高となる水素生成エネルギー変換効率12.5％を達成したことを公表しています。触媒の組成比や触媒と反応する電解液の成分などの最適化に取り組んでいます。

また、2019年7月にNEDOは、ARPChemおよび東京大学や信州大学等と共同で、世界初となる可視光で水を水素と酸素に分解する酸硫化物光触媒を開発し

＊**人工光合成化学プロセス技術研究組合　参画機関：**国際石油開発帝石、TOTO、ファインセラミックスセンター、富士フイルム、三井化学、三菱ケミカル

たことを公表しています。この光触媒は$Y_2Ti_2O_5S_2$という酸硫化物半導体で構成されており、波長640nm以下の太陽光を吸収して水を分解することが可能です。波長600nm近辺は太陽光で最も強度が高い波長域であるため、効率的なエネルギーの活用が期待できます。今後、酸硫化物光触媒のさらなる高活性化を図っていくことで、安価な水素製造プロセスの実現に近づくことができます。

　NEDOは、環境に優しいモノづくりの実現に向け、太陽エネルギーで水から生成した水素と、工場などから排出される二酸化炭素を利用して、プラスチック原料などの基幹化学品（$C_2 \sim C_4$オレフィン）を製造するプロセスを実現するための基盤技術開発（人工光合成プロジェクト）に取り組んでいます。この基盤技術開発では、上述の光触媒だけでなく、分離膜や合成触媒の研究開発も進めています。分離膜の研究開発では、発生した水素と酸素の混合気体から水素を分離する分離膜やモジュールの開発を、合成触媒の研究開発では、水素と二酸化炭素を原料にして$C_2 \sim C_4$オレフィンを目的別に合成する触媒やプロセス技術の開発を、それぞれ進めています。

第4章　水素の製造

粉末光触媒による水分解反応＊

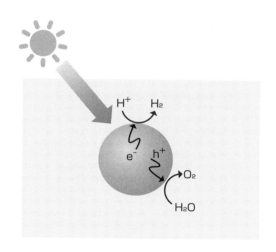

＊…**水分解反応**　信州大学のホームページ（https://www.shinshu-u.ac.jp/research/highlight/2018/03/post-6.html）より。

参考資料　　水素の製造方法の比較一覧

製造方法	実用化状況	環境性	安定性	経済性
化石燃料改質	実用段階	製造プロセスでCO_2を排出	安定的かつ大規模な生産が可能	比較的安価に水素を製造可能
副生水素	実用段階	副次的に産出されるため、追加的なCO_2の排出は無し	副生する水素の量が限られる	水素の製造コストが安くなる
水の電気分解（火力発電）	実用段階	発電時にCO_2が排出される	安定的かつ大規模な生産が可能	改質に比べると高コストだが、比較的安価
水の電気分解（再生エネ）	実用化段階技術的には確立	CO_2の排出はまったく無し	太陽光や風力発電では出力変動が課題	現状では発電コストが高く、製造コストも高い
バイオマス	実用化段階技術的には確立	カーボンニュートラル	バイオマス供給地の分散が課題	現状では収集コストを含め、製造コストは高い
水の熱分解	研究開発段階	利用する熱源により異なる。太陽熱の熱源で、CO_2の排出無し	利用する熱源により異なる	―
光触媒	基礎研究段階	CO_2の排出はまったく無し	太陽光を利用するため、天候に左右される	―

出典：新エネルギー・産業技術総合開発機構「NEDO水素エネルギー白書」等を基にして筆者作成。

水素の輸送・貯蔵

　水素は有用なエネルギーキャリアなのですが、体積当たりのエネルギー密度が低いため、輸送や貯蔵に当たってはエネルギー密度を高めるための工夫が必要になります。

　水素の輸送・貯蔵方法として、圧縮水素や液化水素が既に商用化されています。また、有機ハイドライドは実用化段階に、アンモニアは研究開発段階にあります。

　このほか、大量の水素を連続的に輸送する手段であるパイプラインや、FCV のようなスペースに制限のある用途に適した水素吸蔵合金があげられます。

5-1
圧縮水素

水素は天然ガスに比べて体積当たりのエネルギー密度が1/3程度と低いこと、水素を入れるシリンダー等の容積には限りがあることなどから、水素を高圧で圧縮して、シリンダーに詰めて輸送・貯蔵する方法が、一般的に採用されています。

▶▶ 圧縮水素にして運ぶ

水素を製造する場所と使用する場所が異なり、遠く離れている場合、製造した水素を使用場所まで輸送しなくてはなりません。その際、水素ガスを高圧で圧縮し、その**圧縮水素**をシリンダー（高圧ガス容器）に詰めて、トレーラーで輸送する方法が広く利用されています（図参照）。

一般的に水素ガスは15 〜 20MPa*で圧縮し、シリンダーやそれを束ねたカードルの状態で輸送し、移し替えずにそのまま使用されています。また、大量に水素を使用するユーザーに対しては、長尺（6m以上）のシリンダーを束ねたトレーラーで輸送し、トレーラー部分を構内にそのまま設置したり、水素ホルダー（貯槽）に移し替えたりして使用されています。

水素ステーションでは、70MPaに昇圧して燃料電池自動車へ水素を供給しています。したがって、水素ステーション向けの圧縮水素の場合、輸送のための圧縮に用いたエネルギーがムダになることはありません。水素ステーション向けの圧縮水素は、1回で輸送可能な水素供給量を増加させるため、および水素ステーションにおける昇圧の負担を減らすため、45MPaまで加圧して輸送されるようになっています。

なお、1MPa以上の気体は、高圧ガス保安法の規制対象となることに留意する必要があります。

▶▶ 産業用ガスメーカーが製造・販売

現在、圧縮水素は主に、原料ガスの希釈や雰囲気用等として半導体やエレクト

＊**MPa**　1MPaは、約10気圧に相当（正確には、9.869atm）する。

ロニクス業界で、金属表面を滑らかにする光輝焼鈍用の添加剤等として鉄鋼業界で、酸水素炎バーナーによるクモリのないクリアなガラス製造のためにガラス業界などで使用されています。

このような需要に応えるために圧縮水素を製造・販売しているのは、主に産業用ガスメーカーであり、岩谷産業、昭和電工、大陽日酸、エア・ウォーター、鈴木商館などがあげられます。

岩谷産業は、2018年度の日本国内の水素販売量（次節の液化水素も含む）シェアで約70%を占めるリーダー企業です。当社は、国内に圧縮水素の製造拠点を10カ所設置して供給体制を整えています。なお、岩谷産業は、工業生産の過程で副次的に発生しながらも、空気中に捨てられていた水素に最初に着目し、その余剰水素の販売を1941年に開始した、老舗の産業用水素の販売業者になります。

また、昭和電工は自社の食塩電解工場で副次的に産出される水素ガスを圧縮水素にして販売しています。

なお、燃料電池自動車（FCV）向けの圧縮水素の需要は、FCVの普及拡大にしたがって、今後増加していくことが見込まれます。

圧縮水素の輸送と貯蔵*

カードル　　　　　　　　　簡易水素充填車

トレーラー　　　　　　　　シリンダー

写真提供：岩谷産業株式会社

＊…**輸送と貯蔵**　岩谷産業「水素エネルギーハンドブック」（2019年3月）p.21より。

第5章　水素の輸送・貯蔵

5-2
液化水素

液化水素は、もともとロケット用燃料として用いられていましたが、近年では産業用の水素供給に占める割合が高まっています。2006年に岩谷産業が産業向けに液化水素の製造・販売を始めて以降、液化水素の販売量は右肩上がりで推移しています。

▶▶ 液化水素の作り方

気体を圧縮すると、圧縮するエネルギーが熱に変わって気体の温度が上がります。これとは逆に、気体を膨張させると、エネルギーを失って気体の温度は下がります。これらを外界からの熱の供給がない状態で行った時、前者を断熱圧縮、後者を断熱膨張といいます。

水素ガスの液化は、このような断熱膨張の原理を応用して行います。まず、あらかじめ圧縮した循環水素を、液化窒素と熱交換することで−190℃程度に予冷します。次に、予冷した循環水素を膨張タービンで膨張させて、さらに温度を下げます。そして、冷却した循環水素を用いて、原料となる水素と熱交換することで冷却し、原料水素を液化します。なお、水の沸点は100℃ですが、水素の沸点は−253℃であるため、この極低温である−253℃まで冷却する必要があります。

▶▶ 液化水素にして運ぶ

液化水素は−253℃という極低温であるため、輸送や貯蔵に当たっては断熱性能の高い容器を使用する必要があります。このため液化水素の輸送には、積層真空断熱方式による小型容器、小型コンテナ、ローリーなどが使用されています（図参照）。

液化水素には、純度が高く、大量輸送・大量貯蔵が可能であるという特長があります。前節の圧縮水素では、たとえば20MPaの圧力では1/200の体積に圧縮されますが、水素ガスを−253℃の極低温で液化すると体積が1/800に小さくな

りします。つまり単純計算で、同じ大きさの容器に圧縮水素の4倍の液化水素を充填できることになります。実際には、液化水素を40フィートコンテナで輸送すれば、1回当たりの輸送で、圧縮水素のトレーラー輸送と比べて、最大で約12倍もの水素を運ぶことができます。

▶▶ ほぼ100%のシェアを握る岩谷産業

　岩谷産業は、2006年に、大阪府堺市で国内最大となる液化水素製造プラント（3,000L/h×2系列）の稼働をスタートさせています。その後、2009年には千葉県市原市で、2013年には山口県周南市で液化水素製造プラントの稼働をスタートさせ、全国への供給体制を整えています。当社は、エレクトロニクスや太陽電池分野など、さまざまなユーザーに向けて液化水素の供給を行っています。

　液化水素の販売において、当社はほぼ100%のシェアを握っており、オンリーワンサプライヤーとしての地位を築いています。

液化水素の輸送と貯蔵[*]

ローリー

小型コンテナ

40フィートコンテナ

写真提供：岩谷産業株式会社

＊…**輸送と貯蔵**　岩谷産業「水素エネルギーハンドブック」（2019年3月）p.21より。

5-3
パイプライン

水素発電の商用化などにより、大量に水素を消費するようになれば、水素の大量輸送のニーズに応えるため、パイプラインの敷設が推進される可能性があります。巨額のインフラ投資が必要になりますが、大量の水素を連続的に輸送する手段として優れています。

▶▶ パイプラインで運ぶ

陸上において大量かつ継続的に水素を供給するに当たっては、**パイプライン**を用いての水素輸送が最も効率的な手段になります。

欧米では、主に工業用として使われる水素を輸送するため、大規模なパイプラインのネットワークが整備されています。ヨーロッパでは、フランスやドイツにおいて全長200kmを超える水素パイプライン網が整備され、隣国とも接続されており、パイプラインのネットワークの総延長は約2,800kmに及びます。

米国では、全長100kmに達する水素パイプラインが複数敷設されており、総延長では約2,500kmに及びます。特に、メキシコ湾周辺のテキサス州やルイジアナ州を中心にパイプラインのネットワークが整備されています。

一方、現在日本には、欧米のような長距離の水素パイプラインは存在していません。日本の水素パイプラインは、製鉄所で作った水素を近隣の化学工場に輸送するなど、コンビナート内の短距離での利用に限られています。

▶▶ 水素タウンの社会実装へ向けて

これまでに、国の3つの実証事業の中で、実際に水素パイプラインが敷設され、その安全性や安定供給などの検証が進められてきました。

山口県周南市の「水素タウンモデル事業」(2007 ～ 2009年度)では、300mの水素パイプラインを敷設し、苛性ソーダ工場の副生水素を一般家庭へ送っています。一般家庭には固体高分子形燃料電池コージェネレーションシステムを

設置し、家庭に電気や温水を供給しています。

　また、同じく周南市の「地域連携・低炭素技術実証事業」（2015 〜 2019年度）では、地方卸売市場や道の駅に合計350mの水素パイプラインが敷設されています。

　福岡県北九州市の「水素タウンプロジェクト」（2009 〜 2010年度）では、水素ステーションから市街地の燃料電池実証住宅や環境ミュージアムなどの各施設まで、1.2kmのパイプラインを敷設しています。

▶▶ 選手村にパイプラインを敷設

　東京オリンピック・パラリンピックの選手村において、東京都と民間企業6社（東京ガス、晴海エコエネルギー、ENEOS、東芝、東芝エネルギーシステムズ、パナソニック）は連携して、「選手村地区エネルギー事業」を進めています。その中で、選手村に全長約1.2kmにわたって水素パイプラインを敷設し、各街区に設置されている純水素型燃料電池まで水素を送り、発電による電気と熱を供給するという事業が進められています。

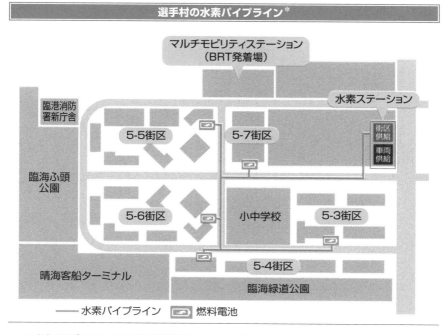

選手村の水素パイプライン＊

＊…の水素パイプライン　東京都都市整備局のホームページ（https://www.toshiseibi.metro.tokyo.lg.jp/bosai/sensyumura/energy/）より。

第5章　水素の輸送・貯蔵

5-4

有機ハイドライド

水素を他の物質に変換して貯蔵・輸送する技術の開発や実証が進められています。このうち、有機ハイドライドを用いた水素の貯蔵・輸送の技術は実用化段階にあり、商用化へ向けた検討が進められています。

▶▶ 有機ハイドライドによる水素の貯蔵・輸送

有機ハイドライドとは、水素をトルエンなどの有機物に化合させた材料のことであり、水素の貯蔵・輸送に利用できます。なお、ハイドライド（hydride）は英語で水素化物を意味します。

図は、有機ケミカルハイドライド*法による水素の貯蔵・輸送を示しています。まず、トルエンなどの芳香族化合物を水素化することにより、メチルシクロヘキサン（MCH）などの飽和環状化合物として水素を固定します。次に、常温・常圧の液体状態で貯蔵し、水素の需要地まで輸送します。そして、脱水素反応により、MCHなどから水素を取り出して利用します。なお、脱水素反応で得られるトルエンなどは、循環させて水素化で再利用されます。

MCHを用いる有機ケミカルハイドライド法では、水素ガスを1/500程度の容積の常温・常圧の液体として貯めて、運ぶことができます。このような有機ハイドライドによる水素の貯蔵・輸送の利点として、以下の3つがあげられます。

第1に、MCHは常温・常圧で安定した液体であるため、貯蔵や輸送するに当たり、圧縮水素や液化水素のような特別の容器は不要で、ハンドリングが容易になります。

第2に、MCHやトルエンは消防法でガソリンと同じ扱いができるため、既存のガソリン用貯蔵設備やタンクローリーを使用することができ、初期投資を抑制することができます。

第3に、水素の大量貯蔵・長距離輸送において、万が一の事故リスクを石油製品なみに低減することができます。

＊**有機ケミカルハイドライド**：有機ハイドライドと略されることが多い。

▶▶ メーカーの動向

　千代田化工建設は、有機ケミカルハイドライド法を用いたデモプラントを設計・建設し、2013年4月から2014年11月まで、延べ約1万時間の運転を行っています。この実証試験の結果、MCHはトルエンの水素化反応により99%以上の収率で、水素はMCHの脱水素反応により98%以上の収率で、ともに安定して生成できることを確認しています。

　千代田化工建設は、NEDOの支援を受け、世界に先駆けた国際間の水素サプライチェーンの実証事業に取り組んでいます。具体的には、当社が開発した有機ハイドライドに関する技術を活用して、ブルネイ・ダルサラーム国に水素化プラントを、川崎市臨海部に脱水素プラントをそれぞれ建設します。そして2020年には、ブルネイで製造した水素を有機ハイドライドにして日本へ海上輸送し、川崎市臨海部で水素ガスに戻して発電燃料として供給する予定です（プロジェクト内容の詳細については、10章2節参照）。

第5章　水素の輸送・貯蔵

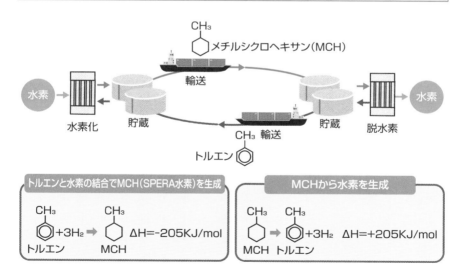

有機ハイドライドによる水素の貯蔵・輸送＊

＊…の貯蔵・輸送　千代田化工建設のホームページ（https://www.chiyodacorp.com/jp/service/spera-hydrogen/innovations/）より。

5-5
アンモニア

アンモニアは、前節でみた有機ハイドライドと同じように、水素キャリアとして注目されています。アンモニアから水素を効率良く取り出すための手法などを確立できれば、商用化へ向けて一気に走り出す可能性を秘めています。

▶▶ 水素キャリアとしてのアンモニア

アンモニアの分子式はNH_3で示され、1分子当たり3個の水素原子をもっています。アンモニアの水素含有率は17.8重量%であり、前節のメチルシクロヘキサンの6.16重量%よりも大きくなります。水素密度をみても、液化アンモニアは121kg-H_2/m^3であり、メチルシクロヘキサンの47.3kg-H_2/m^3や液化水素の70.8kg-H_2/m^3に比べて大きくなります。これらのことから、アンモニアは水素をたくさん含んでいることがわかります。

また、アンモニアの液化の条件は、常圧下では−33℃、常温では8.5気圧となります。この液化条件は、LPGの液化条件とほぼ同じであり、アンモニアはLPGと同様のインフラや技術で輸送・貯蔵することが可能です。加えて、アンモニアは全世界で年約1億8千万トン生産されており、アンモニアを製造するノウハウや取り扱いの実績が十分にあります。

以上のようなことから、アンモニアは水素を運ぶための物質（水素キャリア）として注目されています。アンモニアを水素キャリアとして利用するための研究開発が、大学の研究室や企業の研究部門などで進められています。たとえば、アンモニアをCO_2フリーで製造するための手法、アンモニアから水素を効率良く取り出すための手法などの技術開発が行われています。

将来技術として期待されているものの、未だ研究開発段階にとどまっているというのが現状です。

▶▶ 研究開発の動向

　国は、総合科学技術・イノベーション会議のもと2014年度にスタートした「戦略的イノベーション創造プログラム（SIP）」の中で、2018年度までの5年間にわたり、エネルギーキャリアの技術開発を推進しています。そこでは、エネルギーキャリアの重要な担い手の1つとしてアンモニアに着目しており、CO_2フリー水素利用アンモニア合成システム開発、アンモニア水素ステーション基盤技術、アンモニア燃料電池、アンモニア直接燃焼といったテーマで研究開発が進められました。

　このうち、アンモニア水素ステーション基盤技術では、大陽日酸と広島大学が共同研究を行っています（図参照）。2018年10月には、アンモニア分解ガスから高純度水素を高効率で回収する水素精製装置（20Nm^3/h規模）を開発し、水素回収率90%を達成したことを公表しています。同時に、10%のオフガスをアンモニア分解用熱供給装置に供給することにより、エネルギー効率80%以上で高純度水素の製造を可能にしています。燃料電池自動車や燃料電池フォークリフトの燃料として利用することを想定しています。

アンモニア水素ステーションの概念図[*]

*…の概念図　科学技術振興機構（JST）のホームページ（https://www.jst.go.jp/pr/announce/20181011/index.html）より。

第5章　水素の輸送・貯蔵

5-6

水素吸蔵合金

1960年代後半に、ある種の合金において、多量の水素の吸蔵と放出を繰り返し行えることが発見されました。以来、欧米や日本において、水素吸蔵合金の材料開発や水素吸蔵合金を用いた水素の貯蔵・輸送技術などの研究開発が進められています。

▶▶ 金属で水素を貯蔵

水素吸蔵合金とは、水素を吸蔵させたり、放出させたりすることができる合金のことをいいます。水素分子は、水素吸蔵合金の表面で水素原子になり、合金の内部へと拡散し、金属原子の間に吸蔵・貯蔵されます。水素吸蔵合金は、自己の体積の1,000倍以上の水素（常温常圧気体として）を安定的に吸蔵・貯蔵できる合金であり、水素の貯蔵・輸送・供給での利用が期待されています。

水素吸蔵合金を主成分の金属によって分けると、希土類系、マグネシウム系、チタン系などの合金に分類できます。

水素吸蔵合金を水素雰囲気下で適当な温度と圧力のもとにおくと、水素吸蔵合金と水素とが反応して金属水素化物（MH：Metal Hydride）を生成します（図参照）。この反応は可逆反応であり、圧力を上げる（もしくは温度を下げる）と水素が吸蔵され、逆に圧力を下げる（もしくは温度を上げる）と水素が放出されます。水素の吸蔵においては発熱反応が、水素の放出においては吸熱反応が伴います。

水素吸蔵合金と金属水素化物との間の可逆反応に伴って発生する水素、圧力、電子、熱を機能的に利用することにより、水素吸蔵合金のさまざまな用途での使用が検討されています。具体的な用途としては、水素貯蔵タンク、ニッケル-二次水素電池の負極材料、コンプレッサー、ヒートポンプなどがあげられます。

▶▶ 水素貯蔵タンクの課題は？

水素吸蔵合金は多量の水素を貯蔵できる分、水素貯蔵タンクをコンパクトに設

計することができます。燃料電池自動車のようなスペースに制限のある用途に対しては、水素吸蔵合金を用いた水素貯蔵タンクが向いていると考えられます。

　ただし、水素吸蔵合金は体積当たりの水素吸蔵量は大きいのですが、合金自体の重量が重いため、重量当たりの水素吸蔵量が小さくなるという課題があります。現状では未だ研究開発段階にとどまっており、商用化に向けては合金材料の軽量化、加えて低コスト化が必要になります。

▶▶ 実証事業で水素吸蔵合金を使用

　環境省からの採択を受け、北海道室蘭市で「建物及び街区における水素利用普及を目指した低圧水素配送システム実証事業」（2018 〜 2019年度）が進められました。本実証事業は、大成建設、室蘭市、九州大学、室蘭工業大学、日本製鋼所、巴商会、北弘電社が参画して推進され、地域の再生可能エネルギーや未利用エネルギーを利用し、水素の製造から貯蔵・輸送・供給・利用までの水素サプライチェーンを構築し、実証することを目的としています。

　本実証事業の中では、水素吸蔵合金を使用した車載型と定置型の水素貯蔵タンクを用いて、水素の輸送や貯蔵、および燃料電池への水素供給を行います。この水素貯蔵タンクの設計・製造は、日本製鋼所が担当しています。

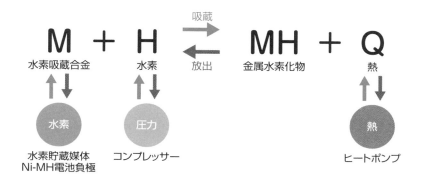

水素吸蔵合金の反応と用途例＊

$$M + H \rightleftarrows MH + Q$$

水素吸蔵合金　水素　　吸蔵／放出　金属水素化物　熱

水素貯蔵媒体　コンプレッサー　　　　　　　ヒートポンプ
Ni-MH電池負極　圧力

＊…と用途例　室蘭工業大学 水素機能材料学研究室のホームページ（http://www3.muroran-it.ac.jp/hydrogen/hstalloy.html）より。

5-7
液化水素運搬船、
水素の貯蔵技術の開発

海外で製造する安価な水素を、安全かつ大量に長距離海上輸送するため、液化水素運搬船の実用化へ向けた取り組みが進められています。一方、水素利用の社会実装に向けて、水素の貯蔵に関するさまざまな技術開発が進められています。

▶▶ 液化水素運搬船

川崎重工業は、2019年12月に世界初となる液化水素運搬船「すいそ ふろんてぃあ」の進水式を行っており、2020年秋の竣工を予定しています（図参照）。

この液化水素運搬船は、海外で安価に製造した水素を日本へ輸入することを目的として開発されており、パイロット船（試験的に運用される船）としての役割を担っています。将来的には、16万m³（4万m³のタンクを4つ）を運べる専用タンカーの実用化を目指しています。

現地で製造した水素は、−253℃に冷却して液化し、体積を気体の1/800にして、液化水素運搬船により海上輸送します。水素の沸点は−253℃と極低温であるため、外部からの熱の侵入で気化しやすいという問題があります。このため、液化水素運搬船には、真空断熱二重殻構造の液化水素貯蔵タンク（1,250m³）が搭載されています。液化水素貯蔵タンクは、魔法瓶と同じような二重構造の容器になっており、内側と外側の容器の間を真空状態にすることによって熱の移動を防ぎ、高い保冷効果が得られるように設計されています。

川崎重工業は、1981年に日本で初めてLNG運搬船を建造した実績があり、以降、海上輸送における極低温技術などに関するノウハウを蓄積してきました。今回の液化水素運搬船の開発では、その技術ノウハウが活かされています。

なお、本船は日本近海での運航試験を行った後、2020年度中に実施される国際水素エネルギーサプライチェーン構築に向けた技術実証試験（NEDOの支援を受けて実施）に投入され、実際にオーストラリアで製造された液化水素を日本へ輸送する計画です（具体的なプロジェクトの内容については、9章6節参照）。

▶▶ 水素の貯蔵技術の開発

　神戸製鋼所は、水素ステーション向けの機器を開発し、2013年度から製造販売しています。具体的には、圧縮機や冷凍機や蓄圧器などをパッケージ化して、街なか、狭小地、既存スタンドの片隅に設置可能なコンパクト設計の機器ユニットを提供しています。

　川崎重工業は、液化水素運搬船の開発だけでなく、さまざまな水素インフラ技術の開発を進めています。たとえば、独自技術の膨張タービンを搭載した水素液化システムを開発しており、液化能力が日量25トンの製品を2020年度中に商用化する予定です。また、当社はJAXAの種子島宇宙センターに向けて、ロケットの燃料となる液化水素を貯蔵するための液化水素貯蔵タンクを納入しています。液化水素の長期保存には、貯蔵している液化水素の気化を極力抑える技術が不可欠であり、当社は種子島宇宙センターで30年以上にわたり、ノウハウの蓄積を行っています。

第5章　水素の輸送・貯蔵

液化水素運搬船*

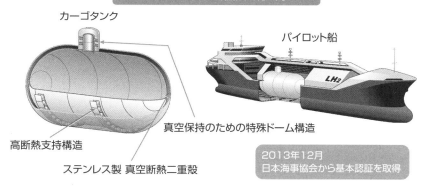

世界初の液化水素運搬船 実現に向けて

カーゴタンク

パイロット船

LH2

真空保持のための特殊ドーム構造

高断熱支持構造

ステンレス製 真空断熱二重殻

2013年12月
日本海事協会から基本認証を取得

提供：川崎重工業株式会社

＊…**運搬船**　川崎重工業「2020年技術実証開始 国際水素サプライチェーン構築に向けた川崎重工の取り組み」（2019.9.26）p.23

参考資料　水素の輸送・貯蔵方法の比較一覧

輸送・貯蔵方法	実用化状況	特徴	利点	課題
圧縮水素	実用段階	20MPaで圧縮すれば、体積は1/200。シリンダーに詰めて、トレーラー輸送	水素の輸送方法として広く普及	圧縮機や貯蔵タンクの低コスト化に向けた技術開発
液化水素	実用段階	−253℃まで冷却して液化。断熱性能の高い容器で輸送・貯蔵	体積が1/800になり、大量輸送・大量貯蔵が可能	液化には大規模な設備投資が必要
パイプライン	実用段階	パイプラインを敷設し、高圧もしくは中圧で水素を輸送	大量かつ継続的な水素供給には、最も効率的な手段	長距離のパイプライン整備には、巨額のインフラ投資が必要
有機ハイドライド	実用化段階 技術的には確立	水素をトルエン等の有機物に化合させて貯蔵・輸送	体積は1/500で、常温・常圧の液体としてハンドリング	各種の法規制について対応が必要
アンモニア	研究開発段階	水素含有率や体積水素密度が高いため、水素キャリアとして有利	LPGの液化条件とほぼ同じであり、LPGと同様のインフラや技術を利用可能	アンモニアから水素を効率良く取り出すための技術開発など
水素吸蔵合金	研究開発段階	合金の体積の1,000倍以上の水素の吸蔵と放出を繰り返し行える	スペースに制限のある用途に適する	合金材料の軽量化や低コスト化が必要

出典：資源エネルギー庁 燃料電池推進室「水素の製造、輸送・貯蔵について」（平成26年4月14日）等を参考にして筆者作成。

第 **6** 章

燃料電池

　燃料電池は、水素と酸素を化学反応させて電気を作ります。この化学反応によって生成（排出）されるのは水だけであるため、燃料電池は最もクリーンな発電装置の一つといえます。

　家庭用燃料電池（エネファーム）は、2009 年 5 月に世界に先駆けて国内販売がスタートしました。累積普及台数は既に30 万台を突破しており、政府は普及をさらに加速させるべく、野心的な目標を設定しています。

　一方、業務・産業用燃料電池は複数のメーカーが技術開発や商品化を行っていますが、年間十数台程度の販売にとどまっています。政府は普及に向けて、価格や発電コストの目標値を設定しています。

6-1
燃料電池とは？

　そもそも燃料電池は、電気と水が必要となる有人宇宙活動を支えるため、1960年代に実用化され、アポロ宇宙船やスペースシャトルなどの動力源として使用されてきました。ここでは、燃料電池による発電の仕組み、燃料電池の特長について解説します。

▶▶ どうやって発電するの？

　燃料電池（FC*）は、水素と酸素を化学反応させて電気を作ります。中学校の教科書に出てくる水の電気分解は、水に外部から電気を通して水素と酸素に分解しますが、これとは逆の反応を利用するのが燃料電池です。

　図は、燃料電池による発電の仕組みを示しています。外部から燃料電池へ水素（H_2）が供給され、燃料極で水素イオン（H^+）と電子（e^-）に分けられます。燃料極の電子は、外部回路を通って空気極へ電流として流れます。その際の電流を電源として利用するのが燃料電池なのです。

　水素イオンは電解質を通って、空気極へ移動します。空気極では、この水素イオンと外部から供給された空気中の酸素（O_2）、および外部回路から流れてきた電子とが結びつき、水（H_2O）になります。

　このような燃料電池の化学反応を整理すると、

　　燃料極：$H_2 \rightarrow 2H^+ + 2e^-$
　　空気極：$2H^+ + 1/2O_2 + 2e^- \rightarrow H_2O$

となります。つまり、燃料電池では、水素と酸素を化学反応させて電気を取り出し、生成された水を排出します。

---

*FC　Fuel Cellの略。

▶▶ 燃料電池の特長は？

　　燃料電池は、乾電池のように使い捨てしたり、蓄電池のように充電したりすることはありません。燃料電池は「電池」と呼ばれていますが、水素と酸素の化学反応で電気を作る「発電装置」なのです。このような燃料電池には2つの大きな特長があります。

　　第1に、クリーンであること。燃料電池では、発電にともない排出されるのは水だけであるため、地球環境を損なうことがありません。二酸化炭素（CO_2）や大気汚染物質（硫黄酸化物（SO_x）、窒素酸化物（NO_x）等）の排出がなく、クリーンな発電方式であるといえます。

　　第2に、エネルギー効率が高いこと。燃料電池は水素と酸素の化学反応により、直接電気を取り出します。水素の持つ化学エネルギーを、直接電気エネルギーに変換するため、エネルギー変換の際の損失は小さくなります。これに対し、火力発電方式では、燃料を燃焼させた熱で蒸気を作り、蒸気でタービンを回して発電するため、電気エネルギーへ変換するまでに大きな損失が発生するのです。加えて、家庭用燃料電池のように、水素と酸素の化学反応の際に発生する熱を回収し、給湯に利用すれば、電気と熱を合わせた総合効率は約80%に達します。

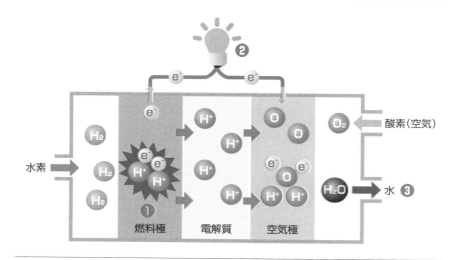

**燃料電池の発電の仕組み*

* …の仕組み　豊田通商のホームページ（http://ttc-fuelcell.com/fuel/）より。

6-2

種類や用途、構造は？

燃料電池の種類は、電解質の違いによって5つに分類され、それぞれ技術開発や実用化が進められています。ここでは、燃料電池の種類、各々の特徴や用途、および燃料電池の構造について解説します。

▶▶ 燃料電池の種類、特徴や用途は？

燃料電池の種類は、電解質の違いにより、**固体高分子形**（PEFC：Polymer Electrolyte Fuel Cell）、**りん酸形**（PAFC：Phosphoric Acid Fuel Cell）、**溶融炭酸塩形**（MCFC：Molten Carbonate Fuel Cell）、**固体酸化物形**（SOFC：Solid Oxide Fuel Cell）、**アルカリ形**（AFC：Alkaline Fuel Cell）の5つに分類されます。

固体高分子形燃料電池は、電解質に固体高分子膜（イオン交換膜）が使用されており、作動温度は常温～90℃程度、発電出力は50kW程度まで、発電効率は30～40％程度となります。電解質が薄い膜であることや作動温度が低いことに加え、電流密度が高いため、小型化・軽量化に向いています。現在、燃料電池自動車や家庭用燃料電池は、主に固体高分子形が使用されています。

りん酸形燃料電池は、電解質にりん酸水溶液が使用されており、作動温度は200℃程度、発電出力は1,000kW程度まで、発電効率は35～42％程度です。主に、都市ガスを燃料としてビルの電力供給や冷暖房、給湯を賄うオンサイト形コージェネレーションシステムとして使用されています。

溶融炭酸塩形燃料電池は、電解質に炭酸リチウム等が使用されており、作動温度は650℃程度、発電出力は1～10万kW程度、発電効率は40～60％程度です。用途としては、分散型電源や火力発電所の代替などが想定されていますが、日本ではこれまでのところ、商用化の実績はほとんどありません。

固体酸化物形燃料電池は、電解質に安定化ジルコニアが使用されており、作動温度は1,000℃程度、発電出力は1～10万kW程度、発電効率は40～65％程

度です。用途としては、家庭用、業務用、分散型電源、火力発電所の代替が想定されており、日本では家庭用が商用化されています。

　アルカリ形燃料電池は、宇宙開発などの特殊用途での使用になります。

▶▶ 燃料電池の構造は？

　図は、固体高分子形燃料電池の構造を示しています。燃料電池の種類が異なれば、基本的な発電の仕組みは変わらないものの、セルの構造が変わってきます。

　図の左側は、燃料電池を作る単位であるセルを示しており、セルは単電池とも呼ばれています。電解質を燃料極（マイナスの電極）と空気極（プラスの電極）で挟み、それをセパレータで挟むという、サンドイッチのような構造になっています。セパレータには細かいミゾを設けてあり、そこを水素や酸素が通り、電極に供給されます。燃料極や空気極には触媒として白金が使用されており、たとえば燃料極では、この白金の触媒作用により水素は水素イオンと電子に分離されます。

　図の右側は、セルスタックを示しており、これが燃料電池本体になります。セルスタックは、セルを積み重ねて構成されます。1つのセルで作れる電気は小さいため、たくさんのセルを積み重ねて、直列に接続することで、高い電圧と、大きな電力を得ることができます。

第6章　燃料電池

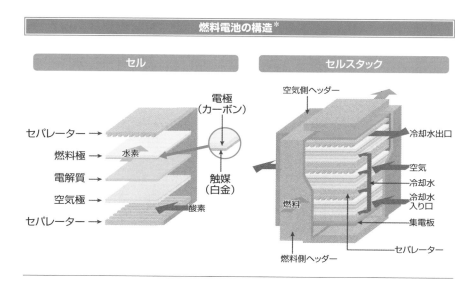

燃料電池の構造*

＊…の構造　日本ガス協会のホームページ（https://www.gas.or.jp/gas-life/enefarm/shikumi/）より。

6-3
家庭用燃料電池①
エネファームとは？

エネファームは、都市ガスやLPガス等から取り出した水素と空気中の酸素を化学反応させ、電気を作ります。加えて、発電や改質の際に発生する熱を捨てずに回収してお湯を作り、給湯や暖房に利用するため、高いエネルギー効率を実現できます。

▶▶ エネファームとは？

家庭用燃料電池は、電力と熱を同時に生産し供給するコージェネレーションシステムとして利用されます。

2008年6月、燃料電池実用化推進協議会は、家庭用燃料電池の普及を促進するため、家庭用燃料電池コージェネレーションシステムを「**エネファーム**」と名づけました。どのメーカーが製造したのかには関係なく、業界で統一名称を使用することで、エネファームの認知度を上げることを狙っています。なお、エネファームは、「エネルギー」と「ファーム＝農場」から作った造語です。

2009年1月、エネルギー事業者6社（東京ガス、大阪ガス、東邦ガス、西部ガス、新日本石油（現ENEOS）、アストモスエネルギー）は、2009年度からのエネファームの販売開始に先駆け、普及に向けた共同宣言を行っています。

▶▶ エネファームの仕組み

図は、エネファームの仕組みを示しています。

①燃料改質装置では、都市ガスやLPガスなどから水素を取り出します。

②セルスタック（燃料電池本体）では、燃料改質装置で取り出した水素と空気中の酸素を使って直流電気を発生させます。

③インバータでは、家庭で使えるようにするため、セルスタックで発生させた直流電気を交流に変換します。

④熱回収装置では、セルスタックや燃料改質装置で発生する熱を回収して、温水

を作ります。

⑤貯湯タンクでは、熱回収装置で作った温水を貯めておき、給湯や暖房の需要が
　ある時に供給します。

⑥バックアップ熱源機では、貯湯タンク内の温水では足りない時に、ガスでお湯
　を沸かします。

　以上のように、エネファームは、都市ガスやLPガスなどを改質して水素を取り
出し、空気中の酸素と反応させて電気を作ります。また、燃料電池による発電だ
けでなく、発電や改質時に発生する熱を回収して温水を作るため、高いエネルギー
効率を実現できます。すなわち、エネルギーを有効活用できるため、省エネに大
きく貢献することができます。なお、火力発電所で発電した電気を家庭で使う場
合のエネルギー利用率が40％程度であるのに対し、家庭でエネファームを使う場
合のエネルギー利用率は85 〜 97％程度になります。

第6章 燃料電池

エネファームの仕組み＊

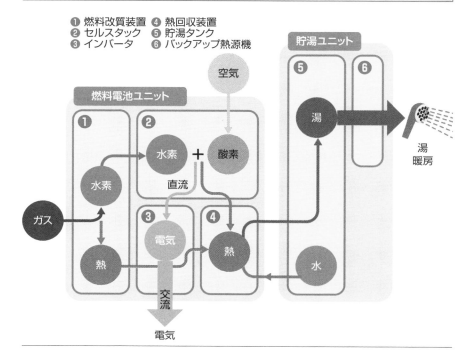

❶ 燃料改質装置　❹ 熱回収装置
❷ セルスタック　❺ 貯湯タンク
❸ インバータ　　❻ バックアップ熱源機

貯湯ユニット

燃料電池ユニット

空気

❺　❻

湯

湯
暖房

水素　酸素　＋

直流

水素

ガス

電気

熱

熱

水

交流

電気

＊…**の仕組み**　大阪ガスのホームページ（https://www.osakagas.co.jp/rd/fuelcell/pefc/fuelcell/index.html）よ
り。

エネファームは発売から10年が経過し、累積普及台数は着実に増加しています。ただし、普及を加速させていくには、販売価格のさらなる引き下げが欠かせません。ここでは、エネファームの普及台数や販売価格の現状、政府の目標などについて解説します。

エネファームの普及台数の実績と目標

図は、国内の家庭用燃料電池の累積普及台数と販売価格の推移を示しています。

2009年5月、世界に先駆けて、東京ガスが固体高分子形燃料電池（PEFC）を用いたエネファームの販売を開始しました。加えて、2011年10月には、JX日鉱日石エネルギー（現ENEOS）が固体酸化物形燃料電池（SOFC）を用いたエネファームを発売しています。

エネファームの累積普及台数は、2014年度には10万台を突破し、2017年度には20万台を突破しています。また、エネファームパートナーズによれば、2019年11月、エネファームの累積普及台数が30万台を突破したと公表しています。図からも、エネファームの普及台数は、右肩上がりに増えていることがわかります。

一方、政府は水素・燃料電池戦略ロードマップの中で、エネファームについて、2030年までに530万台の導入を目指すとしています。目標の達成には、今後10年間で500万台程度の導入が必要になります。これは、毎年前年に比べて30％を超える伸び率が不可欠になるため、かなり野心的な目標であるといえます。

販売価格の推移と目標

エネファームの普及拡大に向けては、何と言っても販売価格の引き下げが重要になります。従来のガス給湯器に比べると、かなり割高である感は否めず、国からの補助金で普及を下支えしてきたというのが実情です。補助金に頼らない自立的

な普及が課題となっています。

　2009年当時、PEFCタイプのエネファームの販売価格は300万円を超えていました。その後、販売台数の増加にともない、年々価格は低下しており、2018年には94万円まで下がっています。政府はロードマップで、2020年頃までに、投資回収年数が7～8年となる80万円に引き下げるという目標を掲げています。

　一方、SOFCタイプのエネファームの販売価格は、2011年の244万円から、2018年の119万円へ低下しています。同様にロードマップでは、2020年頃までに、投資回収年数が7～8年となる100万円に引き下げるという目標を掲げています。

　さらにロードマップでは、PEFCとSOFCの両方について、2030年頃までに投資回収年数を5年に短縮する、という目標を設定しています。

　これらの目標達成に向け、機器コスト、メンテナンスコスト、設置工事費を低減するための技術開発などを加速させる必要があります。

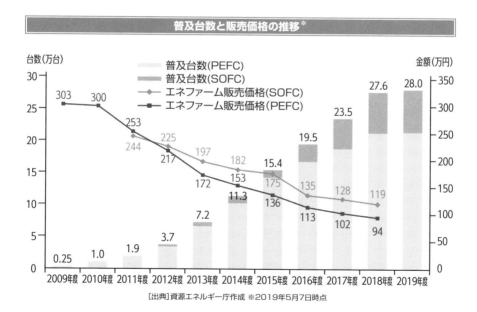

普及台数と販売価格の推移＊

[出典]資源エネルギー庁作成　※2019年5月7日時点

＊**…の推移**　資源エネルギー庁「水素・燃料電池に関する経済産業省の取組について」（令和元年5月）p.18

第6章　燃料電池

家庭用燃料電池③
商流と市場のポテンシャル

エネファームは2009年の発売以降、着実に普及が進んでいますが、どのような販売チャネルでどれだけ売られ、さらなる普及拡大は可能なのでしょうか。ここでは、エネファームの商流と販売台数、市場開拓のポテンシャルについて解説します。

▶▶ エネファームの商流とポテンシャル

図はエネファームの商流を、新築戸建住宅と既築戸建住宅に分けて示しています。なお、販売台数は2015年度の販売実績（フロー）を示しており、新築戸建住宅への導入が2.0万台、既築戸建住宅への導入が2.1万台とほぼ同じくらいの台数となっています。

まず、新築戸建住宅をみると、商流は「メーカー ⇒ ガス会社 ⇒ 建築会社 ⇒ エンドユーザー」となります。

全体の7割は、大都市圏のガス会社を通じて販売されており、大都市圏以外の地方での販売は少なくなっています。逆の見方をすれば、地方でエネファームを販売する余地は大きく残されています。

また、エネファーム販売数上位3社の大手ハウスメーカー（HM）で、全体の7割を販売しています。残りの3割を、その他のハウスメーカーやハウスビルダー、および工務店が販売しています。大手ハウスメーカー3社の新築着工件数が3.2万件であるのに対し、その他のハウスメーカーとハウスビルダーは9.4万件、工務店は29.2万件です。大手ハウスメーカー3社以外の圧倒的多数のハウスメーカー・ハウスビルダー・工務店が、新築着工件数の9割超を占めており、エネファームの販路開拓の余地は大きく残されています。

次に、既築戸建住宅をみると、商流は「メーカー ⇒ ガス会社 ⇒ ガス小売・リフォーム業者・工務店 ⇒ エンドユーザー」となります。

既築戸建住宅では、新築と同様に、大都市圏のガス会社を通じての販売が約7割を占めています。また、ガス小売店で約7割を販売しており、残りの約3割をリフォー

ム業者や工務店等で販売しています。都市ガス会社は、関係するガス小売店など
を通して、プッシュ型の営業を中心に販売しています。

　既築戸建住宅のストックは、約2,930万件（2015年度ストック）と非常に多
いため、拡販できる余地も大きくなります。拡販策として、エンドユーザーに対す
るプル型営業を併用することが考えられます。

　これらのほか、新築集合住宅へのエネファームの導入は0.1万台（2015年度フ
ロー）にとどまっています。新築集合着工戸数が約50万戸（2015年度フロー）
であることを考えれば、市場開拓のポテンシャルは大きいといえます。

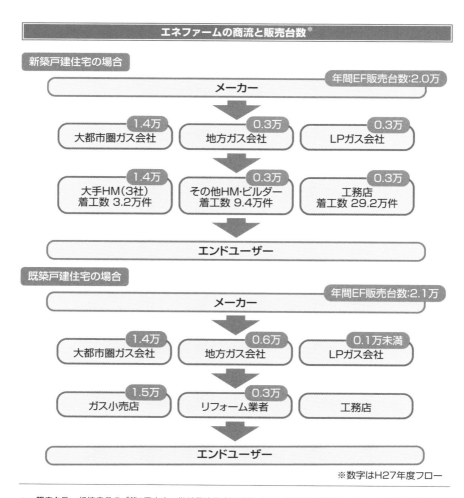

※数字はH27年度フロー

＊…**販売台数**　経済産業省「第8回水素・燃料電池戦略協議会 水素・燃料電池戦略ロードマップの進捗状況」（平
成29年3月10日）p.4、p.6

6-6
家庭用燃料電池④
メーカーの動向

　1990年代から電機メーカーが中心となって、家庭用燃料電池の研究開発が進められてきました。ここでは、エネファームの主要メーカーと製品の特徴、各メーカーの最新の動向について解説します。

▶▶ 主要メーカーと製品の特徴

　エネファームの主なメーカーとしては、パナソニックとアイシン精機の2社があげられます。図は、この2社の製品仕様の比較を示しています。

　パナソニックは固体高分子形燃料電池（PEFC）を用いたエネファーム、アイシン精機は固体酸化物形燃料電池（SOFC）を用いたエネファームを、それぞれ開発し製品化しており、発電出力は700Wになります。

　PEFCタイプは排熱回収効率が高いため、電気と熱利用を合わせた総合効率が高くなります。また、運転温度が90℃程度までと低いため、こまめな運転や停止が可能であるという特徴があります。

　一方、SOFCタイプは、運転温度が700 ～ 1,000℃と高温であり、起動させるまでに時間がかかるため、24時間連続運転を行います。また、SOFCタイプはPEFCタイプと比べて、発電効率が高く、本体も小型という特徴があります。

▶▶ メーカーの動向

　パナソニックは、東京ガスと共同でエネファームの開発を進めてきました。2009年5月、同社は世界で初めて家庭用燃料電池の製造販売を開始しています。2018年12月には累計生産台数が15万台を突破しており、同社はエネファーム市場でトップシェアを占めています。欧州での事業展開も進めており、2014年から現地メーカーと協力し、ドイツでの販売を始めています。

　アイシン精機は、大阪ガス、京セラ、トヨタ自動車、長府製作所と共同でエネファームの開発を進めてきました。共同開発では、大阪ガスのコージェネレーションシス

テムの設計・施工・メンテナンス技術、京セラのセルスタック設計・製造技術、アイシン精機とトヨタ自動車の発電ユニットの設計・製造技術、長府製作所の排熱利用給湯暖房ユニットの設計・製造技術といった各社の強みを活かしています。アイシン精機がセルスタックを組み込んだ燃料電池ユニットの製造を担当し、2012年4月から大阪ガスが販売を始めています。

　なお、かつては上記2社の他にエネファームを製造していた会社がありましたが、JX日鉱日石エネルギー（現ENEOS）が2015年に、東芝が2017年に撤退しています。

　一方、新規参入の動きもみられます。京セラと東京ガスは、世界最小サイズのエネファームを協業により製品化し、2019年10月に販売を開始しています。具体的には、京セラがダイニチ工業やパーパスと共同開発した燃料電池ユニット(貯湯タンク内蔵)を東京ガスへ供給し、東京ガスがパーパス製の熱源機と組み合わせて販売しています。

メーカー	パナソニック	アイシン精機
燃料電池形式	PEFC	SOFC
発電出力	700W	700W
発電効率	40%	52%
総合効率	97%	87%

主な製品の比較*

アイシン精機のエネファーム製品
写真提供：アイシン精機株式会社

＊…の比較　日本LPガス協会ホームページ（http://www.j-lpgas.gr.jp/kiki/home/enefarm/ene05.html）より。効率については、筆者が2020年1月現在の値に修正した。

第6章
燃料電池

業務・産業用燃料電池は商用化されているものの、まだ普及が進んでいるとは言えず、近年まで富士電機とBloom Energy Japanの2社が販売するにとどまっていました。政府は、普及に向けて経済性の向上が欠かせないとみており、価格や発電コストの目標値を設定しています。

▶▶ 導入効果や販売実績は？

業務・産業用燃料電池とは、定置用燃料電池のうち、家庭用燃料電池に比べて発電出力が大きく、店舗・オフィスビル・工場などで使用されるものをいいます。

業務・産業用燃料電池は、エネファームと同様に、CO_2の排出削減や省エネの効果などが期待されています（図参照）。また、燃料電池を導入することで、災害時や系統停電時における重要負荷への電力供給が可能となることから、BCP（事業継続計画）に役立ち、信頼性の高いエネルギー供給システムを構築できます。

過去の販売実績を振り返ると、1998年に富士電機が、発電出力100kWのりん酸形燃料電池（PAFC）を国内で初めて商用化しています。2018年4月現在、富士電機は日本、韓国、ドイツ、米国、南アフリカで計86台の販売実績があります。

一方、2013年にソフトバンクと米国Bloom Energyの折半出資により、Bloom Energy Japanが設立されました。Bloom Energy Japanは、同年11月に固体酸化物形燃料電池（SOFC）の初号機（出力200kW）を福岡市の商用ビルに納入しています。2020年1月現在、日本と韓国で計8台の販売実績があります。

なお、Bloom Energyは2001年に米国カリフォルニア州に設立されたベンチャー企業です。Bloom Energyが提供する発電システムには、NASA（米航空宇宙局）の火星探索プログラムに端を発する革新的な燃料電池技術が使われており、当社は業界のトップランナーのような存在です。Google、ウォルマート、AT&T、eBay、コカ・コーラを含むフォーチュン500の数多くの企業を始めとして、大手NPOのカリフォルニア工科大学やカイザー・パーマネンテ病院などにも電力を供給しています。

　ただし、現状では業務・産業用燃料電池の普及が進んでいるとは言えません。燃料電池実用化推進協議会（FCCJ）の資料によれば、2018年度の国内販売台数は17台に過ぎません。

▶▶ 日本政府の目標は？

　政府は、業務・産業用燃料電池を普及させていくためには、経済性の向上が欠かせないと考えています。そこで、2025年頃までに、排熱利用も含めてグリッドパリティ*を実現させる、という目標を掲げています。具体的には、低圧向け（数kW〜数十kW級）では、機器は50万円/kW、発電コストは25円/kWhという目標を、また高圧向け（数十kW〜数百kW級）では、機器は30万円/kW、発電コストは17円/kWhという目標を設定しています。

　併せて、セルスタックの技術開発を推進することで、2025年頃までに発電効率を55%超に高めるとしています。また、耐久性について、2025年頃までに現状の9万時間から13万時間へ向上させるとしています。

業務・産業用燃料電池の導入効果*

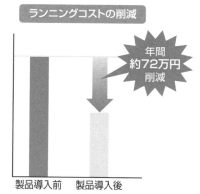

ランニングコストの削減

年間
約72万円
削減

製品導入前　　製品導入後

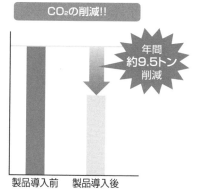

CO₂の削減!!

年間
約9.5トン
削減

製品導入前　　製品導入後

試算条件

■SOFC仕様
発電量:4.2kW
ガス使用量:0.75m³N/h

■その他条件
年間稼働時間:8,760h/年
CO₂排出係数(都市ガス13A):2.23kg - CO₂/m³N
CO₂排出係数(電力):0.488t - CO₂/千kWh
電気料金:27円/kWh　　ガス料金:70円/m³N

---

*グリッドパリティ　発電コストが、系統からの電力のコストと同等、あるいはそれ以下となること。
*…の導入効果　三浦工業のホームページ（https://www.miuraz.co.jp/product/thermoelectric/sofc.html）より。

長期的な視点からビジネスチャンスがあるとみた企業によって、補助金なども利用しながら製品の開発が進められています。2017年以降、複数のメーカーが新製品を市場へ投入しており、市場が活性化することによる普及拡大が期待されます。

▶▶ 実証試験を終えて販売を開始

　図に示すように、各メーカーが業務・産業用燃料電池の開発を進めています。燃料電池はどのメーカーもSOFCで、発電出力は5kWから250kW、用途は理美容院・小規模店舗・ファミレス・病院・介護施設・食品スーパー・データセンター・大規模ビル・ホテルなどを想定しています。

　三浦工業は、産業用ボイラのトップメーカーです。当社は、2012年度から住友精密工業と共同で、業務・産業用SOFCの開発に取り組んできました。2013年度からは、NEDOの助成を受けて、東京ガス、大阪ガス、東邦ガスの協力のもと実証事業を行っています。そして、2017年10月に4.2kWのSOFCシステムの販売を開始しています。顧客ターゲットとして、飲食店舗や福祉施設などへの販売を想定しています。

　富士電機は、前節でみたようにPAFCの製造・販売で実績がありますが、業務・産業用SOFCの開発にも取り組んでいます。2014年度からNEDOの助成事業に参画し、50kW級のSOFCの要素技術開発や実証評価を行っています。2017年度に実証評価を終了し、2018年度下期から受注を開始しています。ホテルや病院などへの販売を想定しています。

　三菱パワーは、NEDOの助成事業により、250kW級の実証に2016年度まで取り組んでいます。国内4カ所に実証機を設置して安定稼働を確認した上で、2017年夏から販売を開始しています。東京・丸の内の丸の内ビルディングにSOFCとマイクロガスタービンの組み合わせによる加圧型複合発電システム（ハイブリッドシステム）を納入し、2019年2月から本格運転を始めています。

▶▶ 発売に向けて開発中

　デンソーは、2015年からNEDOの助成を受け、5kW級の業務用SOFCシステムについて、実用化技術の開発に取り組んでいます。飲食店、理美容院、小規模医療、福祉施設などへの販売を想定しています。なお、市場へ投入する時期については検討中です。

　日立造船は、2013年度から20kW級の業務用SOFCの要素技術開発に取り組んでいます。2014年からはNEDOの助成を受け、実用化技術の開発や実証を進めています。そして、大阪市の花博記念公園鶴見緑地内にSOFCを設置し、2018年1月から実証運転を始めています。なお、燃料電池のセルスタックには、日本特殊陶業の平板積層形スタックを採用しています。食品スーパー、コンビニ、オフィスビル、集合住宅などへの販売を想定しており、近々の発売を目標に製品開発を進めています。

業務・産業用燃料電池の開発例*				
メーカー	三浦工業	デンソー	富士電機	日立造船	三菱パワー
出力	5kW	5kW	50kW	20-50kW	250kW
主要想定需要家	理美容院、小規模店舗 ファミレス		病院、介護施設、食品スーパー等		データセンター 大規模ビル・ホテル 等
発電効率（目標値）	50%	（検討中）	55%	55%	55%
総合効率（目標値）	90%		85%	（検討中）	73%（温水） 65%（蒸気）

富士電機の産業用燃料電池製品
写真提供：富士電機株式会社

＊…の開発例　経済産業省「第8回水素・燃料電池戦略協議会 水素・燃料電池戦略ロードマップの進捗状況」（平成29年3月10日）p.21

6-9
業務・産業用燃料電池③
メーカーの動向（その2）

大手メーカーの中には、数十年前（中には半世紀以上前）から燃料電池の研究開発に先行投資しているところがあります。ここでは、京セラや東芝の研究開発や最新の事業展開について解説します。

▶▶ セルスタックの技術を活かして参入

京セラは、業務用SOFCシステムを開発し、2017年7月より受注を開始しています。本SOFCシステムの発電出力は3kWで、発電効率は52%、排熱利用（給湯）も含めた総合効率は90%であり、高い省エネ性と環境性を実現しています。顧客ターゲットとして、小規模の飲食店や福祉施設などへの販売を想定しています。

京セラは、1985年にSOFCの研究開発をスタートさせてから、独自のセラミック技術をベースにセルやセルスタックの開発を続けてきました。2011年には、世界に先駆けて家庭用SOFCのセルスタックの量産を開始しています。その後、当社は、燃料電池の心臓部であるセルとセルスタックに関する豊富な技術力の蓄積を活かし、燃料電池システムの製造・販売に参入しています。

飲食店などを中心に、当社製品の採用は広がりをみせています。たとえば、すかいらーくホールディングスでは、補助金なども活用して、東京都内のバーミヤン5店舗に京セラ製SOFCシステムを導入しています。

▶▶ 純水素型燃料電池システムを開発

東芝グループは、1960年代から燃料電池の研究や技術開発に取り組んできました。2017年に家庭用燃料電池（エネファーム）からは撤退しましたが、業務・産業用燃料電池を始めとした水素エネルギー分野の事業は継続しています。

東芝＊では、PEFCタイプの純水素燃料電池システムを開発し、2015年に700Wおよび3.5kWモデル、2017年に100kWモデルを商品化しています。図は、100kWモデルの水素利用率を示しており、燃料電池スタックのカスケード（数珠

＊東芝　2017年10月、東芝はエネルギー事業を分社し、東芝エネルギーシステムズを発足させている。燃料電池関連の開発・製造・販売は、東芝エネルギーシステムズが担っている。

つなぎ）構造を採用することで、主スタックで使用されなかった水素を従スタックで使用することで、水素利用率を向上させています。

　なお、家庭用燃料電池や多くの業務・産業用燃料電池では、既存の燃料供給インフラの使用を前提に、都市ガスやLPガスなどを改質して得られる水素を燃料にして発電します。これに対し、純水素燃料電池では、純水素を燃料にして発電します。このため、高い発電効率を得ることができます。また、改質器が不要であるため、コンパクト化や低コスト化を図ることができます。ただし、燃料電池に直接純水素を供給する必要があるため、使用に当たっては水素供給インフラを整えておく必要があります。

　東芝の純水素燃料電池システムは、川崎市殿町キングスカイフロント地区の東急REIホテル、山口県周南市地方卸売市場、福島県あづま総合運動公園向けの納入を始めとして、100台以上の納入実績があります。

純水素燃料電池システムの水素利用率[*]

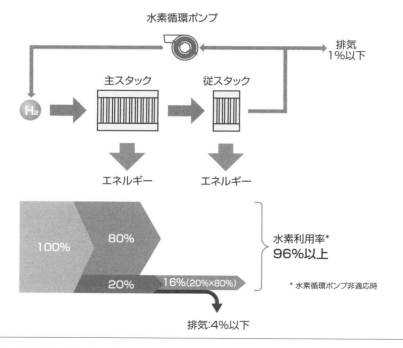

水素循環ポンプ

排気 1%以下

主スタック　従スタック

H₂

エネルギー　エネルギー

100%　80%　20%　16%(20%×80%)

水素利用率[*]
96%以上

[*] 水素循環ポンプ非適応時

排気:4%以下

[*] **…の水素利用率**　東芝エネルギーシステムズのホームページ（https://www.toshiba-energy.com/hydrogen/product/fuel-cell.htm）より。

6-10
部材・部品メーカーの動向
（その1）

エネファームやFCVで使用され、燃料電池の中で最も普及が期待されているのが、固体高分子形燃料電池（PEFC）です。ここでは、PEFCのセルスタックの主な部材・部品メーカーの動向について解説します。

▶▶ 触媒

燃料電池の電極（燃料極、空気極）は、触媒層とガス拡散層から構成されます（図参照）。

触媒には電極での化学反応を円滑に進行させる働きがあり、触媒層は白金を担持させたカーボンで構成されています。なお、白金は希少で高価な金属であるため、超微粒子化して表面積を増やして利用されます。現在、白金の使用量の削減や代替材料の探索に向けた研究開発が進められています。

キャタラーは、自動車などの排ガスを浄化するための触媒を生産し、トヨタ自動車やヤマハ発動機など、自動車や二輪車メーカーに供給しており、この分野では国内トップシェアを占めています。当社はトヨタ自動車と共同で電極触媒を開発し、2014年に発売された世界初の量産型FCV「MIRAI（ミライ）」の燃料電池に採用されています。

田中貴金属工業は、貴金属地金や各種産業用貴金属製品を製造・販売しています。貴金属を応用したさまざまな技術開発にも取り組んでおり、30年以上前から白金を使用した電極触媒の開発を進めています。燃料電池の将来性に着目し、2013年には神奈川県平塚市に、研究開発と製造の拠点となるFC触媒開発センターを設立しています。当社の触媒は、エネファームやホンダのFCV「CLARITY FUEL CELL(クラリティ フューエル セル)」に採用されています。

エヌ・イー ケムキャットは、自動車向けや化学向けの触媒を製造・販売しています。長年にわたり培ってきた貴金属触媒技術を応用して、活性の高いカーボン担持白金触媒などを開発し提供しています。

▶▶ ガス拡散層（GDL）基材

　燃料電池用の**ガス拡散層**（GDL）基材は、燃料である水素や空気の電極（触媒）への供給、電極での化学反応により生じた電子の集電、電解質膜の保湿、生成水の排出、といった役割を担う多機能部材です。

　三菱ケミカルは、保有する炭素繊維や複合材料の技術を活かし、世界に先駆けて開発したロール状でカーボンペーパータイプのガス拡散層基材を提供しています。

　東レは、高温で熱処理された多孔質のC/Cコンポジット（炭素繊維と炭素の複合材料）からなるペーパータイプのガス拡散層基材を提供しています。りん酸形（PAFC）や固体高分子形（PEFC）のガス拡散層基材として使用実績があり、高導電性・高強度・高気体透過性など、優れた特長を持っています。

　日本バイリーンは、柔軟性に優れた不織布構造からなる導電性多孔シートを開発しており、ガス拡散材料などへの採用を見込んでいます。

第6章　燃料電池

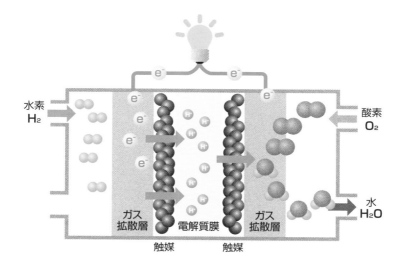

燃料電池の各部材の構成[*]

水素 H_2

e^-

酸素 O_2

ガス拡散層　電解質膜　ガス拡散層

触媒　触媒

水 H_2O

---

[*] **…の構成**　三菱ケミカルのホームページ（https://www.m-chemical.co.jp/products/departments/mcc/composite-products/product/1200537_7310.html）より。

6-11
部材・部品メーカーの動向
（その2）

燃料電池の利用が拡大すれば、その心臓部であるセルスタックの部材・部品を供給するメーカーにも大きなビジネスチャンスが生まれます。前節と同様に、ここでは、PEFCのセルスタックの主な部材・部品メーカーの動向について解説します。

▶▶ 電解質

燃料電池の**電解質**にはイオン交換膜が用いられ、燃料極で生じた水素イオンのみを通し、空気極へ送る働きがあります。

米国デュポンは、世界トップクラスの規模を誇る化学企業であり、さまざまな化学製品を提供する中で、イオン交換膜の製造も行っています。デュポンが開発したフッ素系の高分子膜「商品名：Nafion（ナフィオン）」は、燃料電池の電解質として、最も一般的に用いられています。また、米国ゴア（W.L.Gore & Associates）は、ゴアテックスの防水透湿性素材の技術ノウハウを活用し、ナフィオンをデュポンから購入して、イオン交換膜と電極との接合体の製造を行っています。

これに対し日本メーカーでは、旭化成やAGC*がソーダ生産に必要な食塩電解膜技術を応用して、フッ素系の電解質膜の開発を行っています。旭化成は「アシプレックス（Aciplex）」を、AGCは「フレミオン（Flemion）」をそれぞれ商品化しています。

▶▶ セパレータ

セルスタックはセルを積み重ねて構成されますが、一つひとつのセルを仕切っているのが**セパレータ**です。水素と空気が電解質膜の全面にわたって、一様に接触して流れるようにする役割を担っています。

日清紡ケミカルは、独自の加工技術を活かし、カーボン系セパレータを開発しています。エネファーム向けにセパレータを供給しています。

昭和電工は、NEDOの支援を受けて開発を進め、2009年には、カーボン系セ

---

*AGC　2018年7月、旭硝子からAGCに社名を変更した。

パレータの製造工程や原料の大幅な見直しにより、低コスト化や軽量化を実現させると同時に、当社従来品に比べ出力密度を約30%増加させています。

　日本製鉄は、NEDOの支援なども受けながら、セパレータ用の金属素材を開発しています。具体的には、耐食性と導電性を兼ね備えたステンレス鋼箔を開発し、FCV向けに供給しています。この素材には、高価で高度な特殊表面処理を施す必要がない、という特長もあります。

　神戸製鋼所は、2000年代前半からセパレータ向けのチタン素材の開発を進めてきました。当社の強みであるチタン材の材質・表面制御技術や圧延材製造技術を活かし、セパレータ用の特殊チタン圧延材を商品化しています。この特殊チタン圧延材は、2014年に発売されたトヨタ自動車のFCV「MIRAI」に採用されています。

　開発型ベンチャーのFJコンポジット（北海道）は、黒鉛と熱硬化性樹脂を独自製法で配合し、冷間プレスを用いた高速成型技術を確立することで、セパレータの製造コストを低減しています。

第6章　燃料電池

主な部材・部品メーカー	
触媒	ガス拡散層（GDL）基材
●キャタラー：トヨタの「MIRAI」に採用 ●田中貴金属工業：ホンダの「CLARITY FUEL CELL」に採用 ●エヌ・イー ケムキャット：カーボン担持白金触媒の開発	●三菱ケミカル：ロール状のカーボンペーパータイプ ●東レ：C/Cコンポジットのペーパータイプ ●日本バイリーン：導電性多孔シートの開発
電解質	セパレータ
●デュポン：フッ素系高分子膜「Nafion」 ●ゴア：イオン交換膜と電極の接合体 ●旭化成：イオン交換膜「Aciplex」 ●AGC：イオン交換膜「Flemion」	●日清紡ケミカル：エネファーム向け ●昭和電工：カーボン系 ●日本製鉄：FCV向け ●神戸製鋼所：特殊チタン圧延材 ●FJコンポジット：黒鉛と熱硬化性樹脂を配合

宇宙開発と技術の進化

宇宙産業は、世界的な成長産業として注目を集めています。最近では、「ベンチャー企業がロケットの打ち上げを行った」などのニュースを見聞きする機会も多いのではないでしょうか。

地上から宇宙空間までロケットを飛ばし、過酷かつ何もない宇宙空間で動力源を確保し、有人飛行であれば人間が生存できる環境を作り出さなくてはなりません。したがって、宇宙開発にはさまざまな分野の最先端技術が必要になるのです。これまでも宇宙開発にともなって多様な新技術や新素材が開発されてきました。そして、それらを応用してさまざまな製品が商用化されています。

たとえば、太陽電池は1954年に米国のベル電話研究所で発明されました。その太陽電池が最初に実用化されたのが人工衛星です。1958年に米国海軍がヴァンガード1号という人工衛星の打ち上げに成功しましたが、この人工衛星には世界で初めて太陽電池が搭載されました。ヴァンガード1号の太陽電池は、打ち上げから6年間にわたり、人工衛星の機能を維持するために電力を供給し続けました。その後、太陽電池の用途は拡大し、電卓、腕時計、携帯電話の充電器、街路灯、道路標識、家庭用・産業用の太陽光発電設備、および各種の観測機器や非常用電源など、多岐にわたって商用化されています。

また、宇宙航空研究開発機構（JAXA）は、ロケットを打ち上げる際に、機体や人工衛星を熱から守るため、ロケットの先端部に塗布する断熱材技術を開発しています。JAXAは本技術を日進産業に実施許諾しており、日進産業は本技術を応用して高性能塗布式断熱材を開発し、建築用断熱塗料として販売しています。

さらに、6章で解説した燃料電池は、有人宇宙活動を実現させるために技術開発が進められ、1960年代に米国のジェミニ計画で実用化されました。今では燃料電池自動車やエネファームなどに搭載されています。

このように、宇宙空間という制約が多く、過酷な条件下での使用を前提に開発された高度な技術は、私たちの身近なところで有効に活用されているのです。

燃料電池自動車

　燃料電池自動車（FCV）は、搭載した燃料電池で発電した電気を使ってモータを回し、クルマを走らせます。走行中に排出するのは水だけという、優れた環境性能を持っています。

　2014年12月にトヨタが、2016年3月にはホンダが、それぞれFCVを発売しています。製品ライフサイクルで言えば、まだ導入期の初期段階であり、今後成長期へと入っていくことが期待されます。政府は2030年までに80万台のFCVを普及させるという目標を掲げています。

　一方、欧米や中国などにおいてもFCVの導入が始まっており、各国政府は産業政策の柱の1つとして、FCV産業の育成に取り組んでいます。

7-1

燃料電池自動車とは？

燃料電池自動車は、走行時に排出するのは水だけで、二酸化炭素や大気汚染物質を排出しないことから、「究極のエコカー」と言われています。ここでは、FCVが走行する原理や仕組み、FCVを導入するメリットについて解説します。

▶▶ どうやって走るの？

燃料電池自動車（FCV[*]）は、燃料電池を用いて発電した電気を使い、モータを回して駆動軸を回転させ、クルマを走行させます。

図は燃料電池自動車の仕組みを示しています。エアポンプで車外から空気を取り込み、空気を燃料電池へ送ります。一方、クルマに搭載した高圧水素タンクから純水素を燃料電池へ送ります。そして、燃料電池では、空気中の酸素と水素の化学反応によって発電し、電気を作ります。化学反応の際に水も生じますが、これは車外へ排出します。燃料電池で作られた電気は、コントロールユニットで制御されて駆動モータへ供給されます。

▶▶ FCV導入のメリット

ここでFCVを導入する6つのメリットをみておきましょう。

第1に、クリーンであること。走行中にFCVから排出されるのは水（水蒸気）だけであり、地球温暖化の原因となる二酸化炭素（CO_2）や、大気汚染物質となる窒素酸化物（NO_x）、炭化水素（HC）、一酸化炭素（CO）、浮遊粒子状物質（PM）の排出がありません。

第2に、エネルギー効率が高く、省エネルギーであること。燃料電池は水素を燃やすことなく、化学反応から直接電気を取り出すため、発電効率が高くなります。現時点で、FCVのエネルギー効率は、ガソリン車の2倍以上優れています。

第3に、多様な燃料・エネルギーが利用可能なこと。水素を製造するに当たっては、天然ガスやエタノールなど、石油以外の多様な燃料が利用可能なため、将来の石

＊**FCV** Fuel Cell Vehicleの略。

油枯渇問題にも対応することができます。また、太陽光、風力、バイオマスなどの再生可能エネルギーを利用して水素を製造することにより、環境への負荷を軽減できます。

　第4に、騒音が少ないこと。燃料電池は化学反応で発電するため、内燃機関の自動車と比較して、騒音や振動が少なく静かです。車内の快適さに加え、都市全体の騒音対策にも効果が期待できます。

　第5に、短時間で燃料を充填できること。電気自動車が充電に長時間を要するのに対し、水素の充填は3分程度で済みます。また、1回の充填による走行距離も電気自動車より長く、ガソリン車とほぼ変わりません。

　第6に、災害時には非常用電源になること。電力を外部に供給できる機能を備えている車種では、災害時に車載の燃料電池で発電した電力を、電源として利用することが可能です。

燃料電池自動車の仕組み*

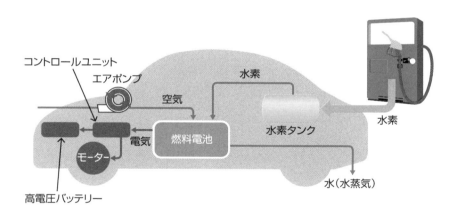

コントロールユニット
エアポンプ
空気
水素
燃料電池
水素タンク
電気
モーター
高電圧バッテリー
水素
水（水蒸気）

第7章　燃料電池自動車

---

*…**の仕組み**　水素供給利用技術協会「あなたの街に水素ステーション」より。

7-2
現状と目標

2014年12月にはトヨタ、2016年3月にはホンダが、それぞれ燃料電池自動車（FCV）を発売しました。これにより、「水素社会の到来が現実味を帯びてきた！」と期待が広がりました。ただ、現時点でFCVの普及が加速しているとは言えません。

▶▶ FCV普及の現状は？

2014年12月、トヨタは世界初となる量産型のFCV「MIRAI（ミライ）」を発売しています（図参照）。また、2016年3月、ホンダはFCV「CLARITY FUEL CELL(クラリティ フューエル セル)」を発売しています。このように大手自動車メーカーが燃料電池を搭載したクルマを市場へ投入したことで、多くのメディアが「水素社会の実現に向けて、扉は大きく開かれた」と伝えました。

ただし、次世代自動車振興センターの調査データによれば、国内におけるFCVの保有台数は、2019年3月末時点で、3,009台にとどまっています。

一方、自動車検査登録情報協会の調査データによれば、国内における乗用車（普通車、小型車、軽四輪車）の保有台数は、2019年3月末時点で、6,177万台となっています。

したがって、乗用車におけるFCVの普及の割合は、0.01％にも満たないレベルであることがわかります。現状ではまったく普及が進んでいないと言えますが、反面、普及させる余地が大きく残されているとも言えます。

▶▶ 政府の目標は？

政府は水素・燃料電池戦略ロードマップの中で、FCVについて、2025年までに20万台程度、2030年までに80万台程度の普及を目指すとしています。2019年3月末時点で、3千台程度しか普及していないことを考えると、かなり野心的な数値目標であることがわかります。

また、政府は価格について、2025年頃までに同車格のハイブリッド車（HV）

に比べ、同等の価格競争力を有するレベルまで、価格差を低減するとしています。目標とする価格差については、現在、販売台数が増加しつつある電気自動車（EV）とHVの価格差が70万円程度であることを踏まえて、FCVとHVの実質的な価格差を300万円前後から70万円程度の水準まで引き下げるとしています。

　価格目標の達成に向けては、主要な要素技術である燃料電池システムや水素貯蔵システムについて、技術開発の目標となるスペックやコスト水準を明らかにしています。燃料電池システムでは、現在1kW当たり約2万円かかるコストを、2025年頃までに0.5万円未満へ引き下げるとしています。また、水素貯蔵システムでは、貯蔵量5kg相当の場合、現在約70万円かかるコストを、2025年頃までに30万円未満へ引き下げるとしています。このため、燃料電池の触媒に用いる貴金属の使用量低減、水素タンクの炭素繊維の使用量低減などの技術開発を推進するとしています。

MIRAI（ミライ）の外観*

©岩谷産業株式会社

第7章 燃料電池自動車

＊…**の外観**　岩谷産業のホームページ（http://www.iwatani.co.jp/jpn/downloads/h2sta.html）より。

7-3

課題、海外の状況

自動車は巨大な産業であり、従来車からFCVへのシフトが進むと、各国の自動車業界や経済に対し、多大なインパクトを与える可能性があります。ここでは、FCV普及に向けての課題、および海外におけるFCV普及の現状や政府の動向について解説します。

▶▶ 課題

FCVを普及させていくに当たっての課題として、車両価格の引き下げ、水素ステーションの整備、燃料としての水素価格の引き下げなどがあげられます。クルマを購入する立場からすれば、環境性能を重視して選ぶとしても、クルマの価格、燃料充填の利便性、燃料代は無視できない要件となります。

これらのうち車両価格の引き下げについては、前節の政府の目標のところでも述べましたが、消費者に購入を検討してもらえる水準まで価格を下げる必要があります。たとえば、トヨタのMIRAIはカーナビを含めて760万円程度なのですが、同車格のクラウン・ハイブリッドは500万円程度です。ミライの環境性能を評価して、70万円高い570万円を市場価格として設定すると、190万円の売価ダウン（それに見合ったコストダウン）が必要になります。

▶▶ 海外では？

大和総研のコンサルティングレポート＊によれば、2018年年央から2019年年初頃のFCVの普及状況について、米国が約5,600台、EUが約1,350台、中国が約760台であったと報告しています。日本を含めたこれらの国や地域において、最もFCVの普及が進んでいるのですが、それでもわずかな台数にとどまっているというのが現状です。

米国では、環境規制の厳しいカリフォルニア州を中心にFCVの導入が進められています。カリフォルニア州は燃料電池自動車普及計画や水素ステーション整備

＊…レポート　大和総研「走り始めた燃料電池自動車（FCV）」平田裕子（2019年2月22日）

計画を策定しており、水素インフラの整備も含め、FCVの普及を推進しています。カリフォルニア州では、2030年までに100万台のFCVを導入するという目標を掲げています。なお、米連邦政府としての導入目標はありません。

　EUでは、欧州燃料電池水素共同実施機構（FCH JU）によって、FC・水素分野のR&Dや実証が進められています。FCH JUは、FCVよりもFCバスの展開に注力しており、プロジェクトにより360台のFCバス導入を予定しています（2018年5月時点で、約40台を導入済み）。

　中国では、FCVやFCバス等を中心に導入が進められています。中国政府は、2016年11月に「新エネルギー・知能自動車技術ロードマップ」を公表しており、FCV（FCトラック・FCバス含む）について、2025年に5万台、2030年に100万台の導入を目標に掲げています。

　このほか韓国では、2019年1月に「水素経済活性化ロードマップ」を公表しています。本ロードマップでは、水素車両（乗用車・バス・タクシー・トラック）について、2040年までに韓国国内で累計620万台を生産する目標を掲げています。

第7章　燃料電池自動車

FCV普及に向けての課題、および海外の状況

課題

① 車両価格の引き下げ　　→ 190万円程度の売価ダウン
② 水素ステーションの整備　→ 水素充填の利便性
③ 水素価格の引き下げ　　→ ランニングコストの低減

海外の状況

- 米国　　　普及:約5,600台
  カリフォルニア州を中心に導入が進む
  同州の目標:2030年までに100万台のFCVを導入
- EU　　　　普及:約1,350台
  FCH JUが、FC・水素分野のR&Dや実証を推進
  プロジェクトにより360台のFCバス導入を予定
- 中国　　　普及:約760台
  2016年11月に「新エネルギー・知能自動車技術ロードマップ」を公表
  目標:2030年に100万台のFCVを導入
- 韓国
  2019年1月に「水素経済活性化ロードマップ」を公表
  目標:2040年までに韓国国内で累計620万台を生産

7-4

メーカーの動向（トヨタ自動車）

トヨタ自動車グループの2019年の新車販売台数は1,074万台であり、世界1位のフォルクスワーゲン（VW）グループに次いで2位の規模を誇っています。そんなトヨタ自動車の燃料電池自動車への取り組みはどうなっているのでしょうか。

▶▶ 長期的な視点から技術開発

2014年12月、トヨタは世界に先駆けて量産型のFCV「MIRAI（ミライ）」を発売しました。

MIRAIの発売から遡ること20年以上前の1992年に、トヨタは乗用車用燃料電池の開発プロジェクトを発足させています。

1996年には、自社開発の燃料電池スタック（出力20kW）と水素吸蔵合金タンクを搭載したFCVを一般に公開しています。そして、2002年以降、政府や自治体などへの限定販売を開始しています。

2008年には、「FCHV-adv」の限定販売を開始しています。FCHV-advでは、燃料電池本体の性能向上、システム補機の消費電力低減、回生ブレーキシステムの改善、70MPaの高圧水素タンクの搭載などにより、1回の水素充填で約830kmの航続距離を達成しています。

このようにトヨタでは、燃料電池の小型化・高性能化を始めとして、FCV技術の改良を長期にわたって進めています。当社は長期的な視点からFCVのビジネスを捉えており、FCVの技術開発において、世界的に見ても先頭を走っています。

▶▶ 最新モデルを市場へ投入！

トヨタは2020年末にMIRAIの最新モデルを発売する予定です。最新モデルでは、①FCスタックを始めとして、燃料電池システムをすべて一新することで、FCVとしての性能を大幅に向上させること、②水素搭載量拡大などにより、航続距離を従来型比で約30%延長すること、などを目標に掲げて開発を行っています。

　具体的には、最新モデルでは「TNGA（Toyota New Global Architecture）」と名づけられた新しいプラットフォームを採用しています。駆動方式を前輪駆動から後輪駆動へ変更、ホイールベースも延長し、乗車定員は4名から5名へ変更されます。航続距離は、現行の650kmから840km程度まで伸びる見込みです。

▶▶ 多様な電動車による「すみ分け戦略」

　トヨタは2050年までにエンジンだけで走る自動車の販売をほぼゼロにして、電動車両（HV、PHV、EV、FCV）に切り替えるという長期目標を示しています。その達成に向けて、2030年には、HVとPHVを合わせて450万台以上、EVとFCVを合わせて100万台以上を販売するという数値目標を設定しています。

　グローバル市場で全方位戦略を採るトヨタでは、移動距離や車両サイズといった顧客ニーズの違いにより、電動車のすみ分け戦略を描いています（図参照）。移動距離が短く、車両サイズが小さい領域をEVでカバーします。また、移動距離が長く、車両サイズの大きな領域をFCVでカバーします。そして、移動距離と車両サイズが中間の領域をHVやPHVでカバーするという考え方を示しています。

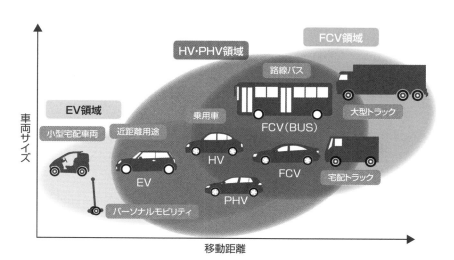

これからの電動車のすみ分け＊

＊…のすみ分け　トヨタ自動車「革新電池の競争力強化のための基盤研究への期待」岡島博司（2018.4.11）p.11

メーカーの動向（本田技研工業）

2017年1月、ホンダとゼネラルモーターズは燃料電池システムを生産する合弁会社を米国ミシガン州に設立すると発表し、量産の準備を進めています。ここでは、将来のFCVの市場拡大に向け、着実に布石を打つホンダの取り組みについて解説します。

▶▶ 2016年に市販車を発売

ホンダはいち早くFCVの可能性に着目しており、1980年代後半からFCVの研究開発を進めてきました。

2002年には、自社開発の燃料電池を搭載したFCVを開発し、国内のリース販売を開始しています。

2008年に、「FCX Clarity」を発表し、米国や日本でリース販売を開始しています。FCX Clarityは、−30℃からの起動が可能で、620kmの航続距離を達成しています。

そして2016年3月に、「CLARITY FUEL CELL(クラリティ フューエル セル)」を発売しています。燃料電池パワートレインの小型化を図り、ボンネット内に搭載することで、セダンタイプのFCVでは世界初となる5人乗りを実現しています。車両価格は766万円、1回の水素充填で約750kmの航続距離を達成しています。

このように、ホンダはトヨタと同様、長期的な視点からFCVの技術開発に取り組んでいます。

▶▶ 改良して商品力を強化

ホンダは、2019年12月にCLARITY FUEL CELLをマイナーチェンジしています。幅広い環境下で走行できるように、低温域での性能を向上させています。加えて、紫外線（UV）や赤外線（IR）をカットするガラスを随所に採用し、室内空間の快適性を高めたほか、ドアミラーやアルミホイールのカラーを変更し、デ

ザイン性を高めています。

　ただ、ホンダはFCVの次期モデル（フルモデルチェンジ）について、2020年を目途としていた市場投入を2〜3年延期するとしています。水素ステーションの整備が不十分なことなどから、次期モデルの投入は時期尚早と判断した模様です。

▶▶ 販売数の3分の2を電動車に！

　ホンダはCO_2の排出削減に向けて、次世代クリーンカーへの取り組みの方向性を示しています（図参照）。図の縦軸は、下へ行くほどCO_2の排出が多くなることを示しています。内燃エンジンでは熱効率、ハイブリッドでは電動効率をそれぞれ向上させるための技術開発に取り組むことで、CO_2の排出を削減していきます。

　その上で2030年を目途に、商品ラインアップにおける販売数の3分の2を、PHEVとハイブリッド、およびゼロエミッションビークル（EV、FCV）に置き換えることを目指しています。

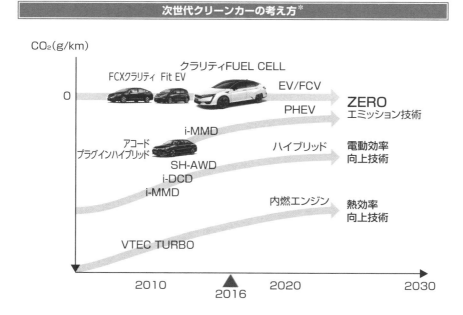

次世代クリーンカーの考え方[*]

＊…の考え方　本田技研工業のホームページ（https://www.honda.co.jp/tech/suiso/）より。

第7章　燃料電池自動車

7-6
海外メーカーの動向

現在、FCVを市販しているのは、トヨタ、ホンダ、現代自動車の3社にとどまっています。製品ライフサイクルで言えば、FCVは導入期にあるため、海外メーカー各社は市場の様子を見ながら技術開発を進めている、といった状況です。

▶▶ 現代自動車

韓国の現代(ヒュンダイ)自動車は、2014年5月に米国でFCVのリース販売を開始しています。

2018年3月には、FCVの最新モデル「NEXO(ネクソ)」の韓国国内での販売を始めています(図参照)。NEXOは、モータの最高出力120kW、3つの燃料タンクを搭載し、1回の水素充填で約595kmの航続距離を達成しています。税制優遇を適用した販売価格は、6,890万ウォン(為替レートが0.1円/ウォンの場合、約690万円)となります。

また、2018年6月に、現代自動車とアウディ(フォルクスワーゲン傘下の高級車メーカー)はFCVの開発で提携すると発表しています。FCV関連の特許を今後出願する分も含めて共有することに加え、燃料電池スタック、水素供給装置、モータなどの主要部品について、両社が開発中の新車で共有化を進めるとしています。

▶▶ フォルクスワーゲン

フォルクスワーゲン(VW)は、2014年11月にFCVのコンセプトカー「Golf SportWagen HyMotion」を発表しています。同車は、1回3分の水素充填で約500kmの走行が可能です。

2018年9月には、米国スタンフォード大学との共同研究により、次世代のFCV向け技術を開発した、と発表しています。具体的には、貴金属のプラチナの使用量を減らした燃料電池の触媒を開発しています。

ただ、フォルクスワーゲンはEVを電動車戦略の中心に据えています。2029年

までに約75車種のEVを市場へ投入し、今後10年間で2,000万台を販売する計画です。

ゼネラルモーターズ

　ゼネラルモーターズ（GM）は、2023年までに計20車種のEVとFCVを市場へ投入する予定です。

　2017年1月に、ゼネラルモーターズは、ホンダと次世代水素燃料電池システムの量産を行う合弁会社を設立することを発表しています。米国ミシガン州に設立した合弁会社で生産する燃料電池システムは、今後両社がそれぞれ発売するFCVに搭載する予定です。また、ゼネラルモーターズとホンダは、協力して共同調達やスケールメリットの追及などに取り組むことで、開発コストや生産コストの削減を進めています。

NEXO（ネクソ）の外観

第7章　燃料電池自動車

部品メーカーの技術開発

FCVの市場拡大を見込み、サプライヤー（部品メーカー）の技術開発も活発になっています。ここでは、主にトヨタのMIRAIに着目し、どのサプライヤーがどんな技術を提供しているのか、どんな技術開発を進めているのか、などについて解説します。

▶▶ さまざまな部品メーカーが先端技術を提供

電気自動車の部品点数は約2万点、ガソリン車は約3万点と言われていますが、燃料電池自動車（FCV）ではガソリン車以上に部品点数が多くなります。

FCVの主要部品としては、FC専用技術にかかわるFCスタックや高圧水素タンク、およびハイブリッド技術にかかわるバッテリ、コントロールユニット、モータなどがあげられます。

トヨタはMIRAIの開発において、主要部品についてはできるだけ内製化するという方針で進めており、FCスタックや高圧水素タンクなどを自社工場で生産しています。たとえば、高圧水素タンクについては、2000年から開発に取り組み、炭素繊維強化プラスチックを内製しています。

とはいえ、FCVにはさまざまな先端技術が必要になるため、多くの部品メーカーの協力が欠かせません。高圧水素タンクとその周辺部品では、ジェイテクトが高圧水素供給バルブと減圧弁、愛知製鋼が高圧水素ステンレス鋼、豊田合成が水素タンクのライナー部、豊田自動織機が水素循環ポンプ、愛三工業が水素インジェクターとバルブ、NISSHAエフアイエスが水素ディテクターを、それぞれ供給しています。

一方、生産台数が増えるにしたがい外注に出す部品も増えていきます。それを先取りして豊田合成では、高圧水素タンクの開発に取り組んでいます。円筒カプセル形の高圧水素タンクの本体部は高分子材料（樹脂）製とし、その外側を補強するアウター部はCFRP（炭素繊維強化プラスチック）製としています。本体に炭素繊維を巻いて補強する工法を採用し、実用化できる水準まで開発を進めています。

▶▶ メガサプライヤーの技術開発

　デンソーは、パワーコントロールユニットやエアコンシステムなど、約70種類の製品をMIRAIへ供給しています。

　このうち、図はデンソーが供給する水素の充填システムを示しています。温度センサーや圧力センサーを用いて、高圧水素タンク内の水素ガスの温度や圧力を検知し、検知した情報を水素充填ECUで処理します。そして、赤外線送信機により、水素の情報を水素ステーションへ送信します。水素ステーションでは、送信された温度や圧力の情報をもとに、水素の充填圧を適切に制御し、3分程度で充填することができます。

　一方、自動車部品のメガサプライヤーで、売上高1位のボッシュは、燃料電池分野の開発を強化しています。たとえば、燃料電池に酸素を送り込むための電動コンプレッサなどの開発を進めています。

第7章
燃料電池自動車

高圧水素タンクに水素を充填するための技術[*]

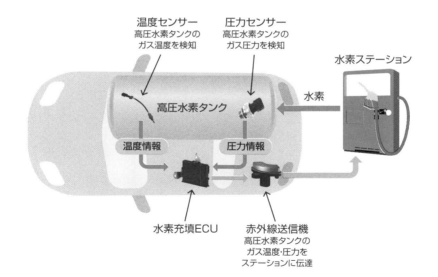

温度センサー
高圧水素タンクの
ガス温度を検知

圧力センサー
高圧水素タンクの
ガス圧力を検知

水素ステーション

高圧水素タンク

水素

温度情報

圧力情報

水素充填ECU

赤外線送信機
高圧水素タンクの
ガス温度・圧力を
ステーションに伝達

---

[*] **…の技術**　デンソーのホームページ（https://www.denso.com/jp/ja/innovation/story/fcv/）より。

7-8

EVとの競争は？

FCVとEVは共に地球環境にやさしいクルマであり、競合関係にあるとも考えられますが、本当に二者択一なのでしょうか。ここでは、FCVとEVの普及の現状や未来の捉え方、両者のすみ分けが進む理由などについて解説します。

▶▶ FCVとEVの現状を比較すると

燃料電池自動車（FCV）と電気自動車（EV）は、いずれも走行時にCO_2や大気汚染物質をまったく排出しないため、最もクリーンで環境にやさしいクルマであると言えます。

次世代自動車振興センターの調査データ（2019年3月末時点）によれば、国内における乗用車の保有台数は、FCVが3,009台であるのに対し、EVは105,919台であり、EVの普及が大きく先行しているのがわかります。

また、水素ステーションが132カ所（2020年7月現在）であるのに対し、充電スポットは18,270カ所（2020年3月現在）であり、インフラ整備においてもEVの方が進んでいることがわかります。

このように現時点では、FCVよりもEVの普及が先行しているのですが、EVが先行していると言っても、乗用車の市場全体から見るとEVの普及率は0.2％程度に過ぎません。

また、エネルギー社会やモビリティ社会が大きく変化し始めた中では、長期的な視点からFCVやEVの未来を考えるのが良いのではないでしょうか。特に、再生可能エネルギーの大量導入を支えるエネルギーキャリアとして水素の利用が広がっていけば、同時に水素を利用するためのインフラ整備も進み、FCVの利便性も格段に高まることになります。

▶▶ FCVとEVのすみ分け

自動車のユーザーがどのパワートレインを選択するのか、といった観点からする

と、FCVとEVは競合する関係にあります。ただ、現実にはFCVやEVにはそれぞれ長所と短所がありますので、用途に応じたすみ分けが進んでいくと考えられます。

　EVには航続距離が短く、充電に時間がかかるという短所があります。特に、充電時間は急速充電器を用いても、80％充電するのに30 ～ 60分かかってしまいます。このため、都市部や日常生活での使用などの近距離走行では問題ないのですが、週末のドライブなどの遠距離走行には適していません。長所としては、EVの部品点数は少ないため、将来的には製造コストが安くなる可能性があります。したがって、手軽に乗れる小型車を安価に提供できる余地が大きいと言えます。

　これに対し、FCVには航続距離が長く、充電時間は約3分で短いという長所があります。このため長距離走行に適しており、商用車およびトラックやバスに向いています。ただし、水素ステーションの数や配置を整えていくことが、FCV普及の前提になります。

第7章　燃料電池自動車

FCVとEVの比較		
	FCV	**EV**
燃料の充填	短時間　　約3分	長時間　　80％充電に30 ～ 60分
航続距離	長い　　約650km	短い　　400km 程度
適した使用法	週末のドライブ等の遠距離走行	都市部や日常生活での近距離走行
車のサイズ	大型の乗用車向き	小型の乗用車向き
普及台数	約3,000 台	約106,000 台
スタンド	132 カ所	18,270 カ所
価格	740 万円程度	400 万円程度
その他	商用車、トラック、バス向き	部品点数が少ない → 製造コストの低減

※航続距離や価格の数字は、同じ条件での比較ができないため、参考値を掲載

水素ステーション①
現状と目標

インフラとしての水素ステーションの整備や、クルマを利用する際のランニングコスト（燃料代）を安くすることも、FCVの普及に向けて解決すべき課題となります。ここでは、水素ステーション整備の現状、政府の目標などについて解説します。

▶▶ 水素ステーション整備の現状は？

　燃料電池自動車（FCV）の燃料を補給するための水素供給設備を、**水素ステーション**といいます。2013年度から商用の水素ステーションの整備が始まり、2014年7月に、岩谷産業が日本初となる水素ステーション「イワタニ水素ステーション尼崎」をオープンさせています。

　水素ステーションの整備は、「首都圏」「中京圏」「関西圏」「北部九州圏」の四大都市圏と、四大都市圏を結ぶ幹線沿いを中心に進められています。現在（2020年7月末時点）までに、132カ所の水素ステーションがオープンしています。

　一方、FCV普及初期における水素ステーションの本格整備を加速させることを目的として、2018年2月、日本水素ステーションネットワーク合同会社（JHyM*）が設立されました。JHyMには、水素ステーションの整備・運営を行うインフラ事業者、自動車メーカー、金融投資家など、23の企業が参画しています。JHyMは整備計画の立案のみならず、補助金の申請を始めとして、事業者による水素ステーションの開所を支援しています。

▶▶ 政府の目標は？

　政府は水素・燃料電池戦略ロードマップの中で、水素ステーションについて、2025年度までに320カ所、2030年度までに900カ所を整備するとしています。また、2020年代後半までに、補助金に依存することのない、水素ステーション事業の自立化を目指しています。

　水素ステーションの整備に向けては、日本水素ステーションネットワーク合同会

＊**JHyM**　Japan H2 Mobilityの略称。読みは「ジェイハイム」。

社（JHyM）を中心として、水素ステーションの戦略的配置を進めていきます。まず、2018〜2021年度は、四大都市圏を起点として、主要都市や交通の要衝を重点に、合計80カ所の水素ステーションを整備することを目指します。次に、2022〜2025年度は、2021年度における整備状況を踏まえて、新たな水素ステーションの配置を進め、2025年度までに320カ所とすることを目指します。

　コストの面では、水素の調達コストについて、2020年代後半には水素販売差益（粗利）で500円/kg程度にすることを目標にしています。

　整備費や運営費については、2025年頃までに2016年との比較で大幅に削減（整備費：3.5億円→2億円、運営費：3,400万円/年→1,500万円/年）することを目指しています。整備費の削減に向けては、圧縮機、蓄圧器、プレクーラー、ディスペンサー等のコスト削減目標を設定しています。また、運営費の削減に向けては、ディスペンサーで使用するシール材やホースの耐久性を向上させることで、メンテナンスコストを削減すること、などを推進するとしています。

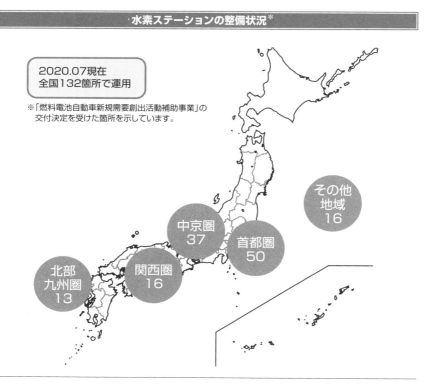

・水素ステーションの整備状況*

2020.07現在
全国132箇所で運用

※「燃料電池自動車新規需要創出活動補助事業」の
交付決定を受けた箇所を示しています。

その他
地域
16

中京圏
37

首都圏
50

北部
九州圏
13

関西圏
16

＊…**の整備状況**　次世代自動車振興センターのホームページ（http://www.cev-pc.or.jp/suiso_station/index.html）より。

7-10
水素ステーション②　ステーションの種類、インフラ事業者

水素ステーションの普及に向けて、さまざまな取り組みが始まっています。ここでは、水素ステーションの種類やそこでの主要機器、どんな業界から水素ステーションのビジネスに参入しているのか、などについて解説します。

▶▶ 水素ステーションの種類

水素ステーションの種類は、水素の供給方式や設置形式の違いにより、オンサイト方式、オフサイト方式、移動式の3つに分けられます。

オンサイト方式では、水素ステーションの敷地内に設置した水素製造装置を用いて、都市ガスやLPガスなどを改質して水素を製造し、FCV向けの水素を充填販売します。オンサイト方式は、主に都市ガスやLPガスの水素原料を有している事業者が採用しています。

オフサイト方式では、外部で製造された水素を調達し、FCV向けの水素を充填販売します（図参照）。水素の製造場所からステーションまでの輸送は、圧縮水素の場合はカードルを載せたトレーラーで行い、液化水素の場合はローリーで行います。

図に示すように、水素ステーションの主要機器として、圧縮機、蓄圧器、プレクーラー、ディスペンサーがあげられます。これらの機器は、オフサイト方式に限らず、オンサイト方式や移動式においても同様に使用されます。

圧縮機により、水素は所定の圧力まで昇圧されます。そして、昇圧された水素は、蓄圧器に貯蔵されます。一方、FCVのタンクに水素ガスを急速に充填すると、断熱圧縮により温度が上昇するため、タンクの温度が上がり過ぎないようにする必要があります。そこで、プレクーラーにより、充填前の水素をあらかじめ−40℃程度まで冷却しておき、ディスペンサーで流量や圧力を制御しながら、FCVに水素を供給します。

移動式は、大型トレーラーの荷台に水素を充填するための装置一式を積み込ん

でいるため、移動が可能であり、小スペースに比較的簡単に設置できるという特徴があります。現在のようなFCV導入の初期段階では、需要地のニーズに合わせて柔軟に対応できるというメリットがあります。

▶▶ インフラ事業者

　水素ステーションの整備・運営を行うインフラ事業には、ENEOSや出光興産といった石油会社、岩谷産業や日本エア・リキード合同会社といった産業用ガスの会社、東京ガスや大阪ガスや東邦ガス等の都市ガス会社などが既に参入しています。

　石油会社では、主にガソリンスタンド併設の水素ステーションなどを中心に展開しています。また、産業用ガス会社では、オフサイト方式の水素ステーションなどを中心に展開しています。

　都市ガス会社では、オンサイト方式の水素ステーションなどを中心に展開しています。パイプライン網を用いて都市ガスを水素ステーションへ送り、ステーションに設置した水素製造装置を使って都市ガスを改質し、水素を製造しています。

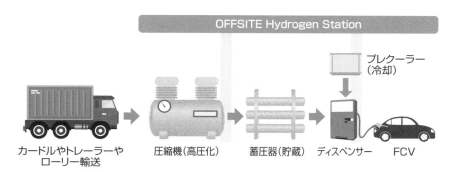

オフサイト方式の水素ステーション＊

OFFSITE Hydrogen Station

カードルやトレーラーや　　圧縮機（高圧化）　　蓄圧器（貯蔵）　ディスペンサー　FCV
ローリー輸送

プレクーラー（冷却）

第7章　燃料電池自動車

＊**…の水素ステーション**　日本水素ステーションネットワーク合同会社のホームページ（https://www.jhym.co.jp/station/）より。

7-11 水素ステーション③ インフラ事業者や機器メーカーの動向

クリーンエネルギーである水素のポテンシャルに着目した数多くの企業により、水素ステーションの整備や水素ステーション向けの機器の技術開発が進められています。ここでは、主なインフラ事業者や機器メーカーの動向について解説します。

▶▶ 主なインフラ事業者の動向

ENEOSは、国内最多となる43カ所（2020年8月現在）の水素ステーションを運営しています。首都圏に29カ所、中京圏に6カ所、関西圏に3カ所、北部九州圏に5カ所の水素ステーションを開所しており、このうち18カ所はガソリンスタンドに併設したタイプの水素ステーションになります（図参照）。2016年3月、当社は神奈川県横浜市に「水素製造出荷センター」を開所しています。水素製造出荷センターでは、LPGを原料にして水素を製造し、首都圏所在のオフサイト方式の水素ステーションや移動式水素ステーションに水素を供給しています。

岩谷産業は、国内で27カ所（2019年8月現在）の水素ステーションを運営しています。当社は水素ステーションの展開を加速させており、2020年度までに53カ所にまで増やす計画です。また、2019年3月、100%子会社で米国現地法人である米国岩谷は、カリフォルニア州においてメッサー社が運営する水素ステーション4カ所を買収しています。米国岩谷は日系企業として初めて、米国内での水素ステーションの運営をスタートさせています。

カリフォルニア州は、2019年5月時点で、日本の約2倍となる6,000台を超えるFCVが普及しています。州政府は今後もFCVの導入や大型物流トラックのFC化など、水素エネルギーの利活用を進めていく方針です。岩谷産業は、今後大幅な水素需要の増加が見込まれるカリフォルニア州において水素ステーションを運営することで、米国市場を開拓するための足掛かりにする狙いがあります。

▶▶ 主な機器メーカーの動向

　2019年2月、日本製鋼所、高圧昭和ボンベ、新日鉄住金*の3社は、水素ステーション用の鋼製蓄圧器の新型を共同開発し、商業生産を開始すると公表しています。

　開発した蓄圧器には、新日鉄住金の大径厚肉シームレス鋼管を採用しており、99MPaの高圧水素に耐える粘り強さと高強度を両立しています。加えて、日本製鋼所は、水素に対する材料知見を反映した蓄圧器の全体設計を行い、従来型の蓄圧器のストレート円筒に蓋を設けた構造から両端を絞ったボンベ構造に変えることで、大幅な軽量化とコスト削減を実現しています。さらに、大径厚肉シームレス鋼管の加工には、高圧昭和ボンベの優れた鏡部鍛造技術を用いています。このように3社の技術を掛け合わせることで、使用可能回数30万回以上という世界最高レベルの耐久性を有する蓄圧器の製造を実現させています。

第7章
燃料電池自動車

ガソリンスタンド併設の水素ステーション*

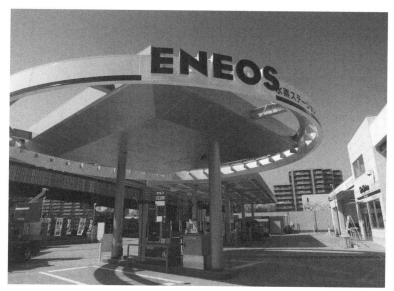

写真提供：ENEOS株式会社

＊**新日鉄住金**　2019年4月に、新日鉄住金から日本製鉄へ商号を変更。
＊**…の水素ステーション**　ENEOSのホームページ（https://www.eneos.co.jp/business/hydrogen/station.html）より。

7-12
燃料電池トラック

FCトラックの商用化に向け、さまざまな研究開発や実証が進められています。ここでは、自動車メーカー間の共同開発やFCトラックの活用事例などについて紹介します。

▶▶ FCトラックを共同研究

2020年1月、本田技研工業といすゞ自動車は、燃料電池（FC）をパワートレインに採用した大型トラックの共同研究契約を締結しています。

ホンダのFC開発技術といすゞの大型トラック開発技術を活かし、FCパワートレインシステムや車両制御などの基礎技術基盤の構築を目指しています。共同研究を通して、クリーンかつ低騒音・低振動な大型トラックを実現させていく方針です。

▶▶ EVの航続距離の制限を解決

2019年10月に開催された東京モーターショーで、三菱ふそうトラック・バスは、FC小型トラックのコンセプトモデル「Vision F-CELL」を公開しています。同社はこのコンセプトモデルについて、燃料電池のパワーを使用してEVトラックの航続距離の制限を解決し、電動技術を用いたトラックの次世代車の姿を示したとしています。

▶▶ 米国市場の開拓

2019年4月、トヨタ自動車の北米事業体であるToyota Motor North Americaは、米国カリフォルニア州のロサンゼルス港で開催されたイベントで、Kenworth（米国のトラックメーカー）と共同開発したFC大型トラックを公開しています。2019年秋から、このトラックを使用した貨物輸送オペレーションを開始しています。

▶▶ FCトラックの活用事例

　セブン‐イレブン・ジャパンとトヨタ自動車は、2019年から店舗および物流の省エネルギーやCO_2排出削減のための共同プロジェクトを順次展開しています。本プロジェクトでは、再生可能エネルギーや水素によって、店舗で必要となるエネルギーをまかなうことを目標にしています（図参照）。

　セブン‐イレブンは店舗での再生エネの利用を推進しており、フラッグシップとして2017年12月に千代田二番町店、2018年5月に相模原橋本台1丁目店をそれぞれ開店しています。そして、2019年春に首都圏でFC小型トラック2台を導入し、店舗や物流拠点での運用を始めています。

　トヨタは本プロジェクトにおいて、FC小型トラックやFC発電機などを提供しています。トラックはMIRAIのFCユニットを搭載しており、FCユニットで発電した電気で走行するだけでなく、冷蔵・冷凍ユニットの電源としても使用できます。

共同プロジェクトの概要[*]

＊…の概要　トヨタ自動車のホームページ（https://global.toyota/jp/newsroom/corporate/22815731.html）より。

7-13
燃料電池バス

　欧米では、既にFCバスを路線バスとして使用する例が数多く見られます。一方、日本では実証実験などを経て、2017年3月から東京の都営バスでFCバスの運行がスタートしています。ここでは、FCバスの現状、政府の目標や施策について解説します。

▶▶ FCバスの発売開始と都営バスでの運行

　トヨタ自動車は、国内で初めて量販型燃料電池バス「SORA」の型式認証を取得し、2018年3月から販売を開始しています。SORAは、トヨタがMIRAI向けに開発した「トヨタフューエルセルシステム」を採用しています。バスの定員は乗務員や立席も含めて79人で、最高出力114kWのFCスタックを2基、70MPaの高圧水素タンクを10本搭載しています。航続距離は、一般的な路線バスの走行モードで200km程度です。FCモビリティならではの高い環境性能に加え、騒音や振動が少ない快適な乗り心地を実現したこと、大容量外部給電システムの搭載により、災害時に電源としての利用が可能であることなど、優れた特徴を持っています。

　東京都では、2019年8月現在で15台のFCバス（SORA：13台、SORA発売前の旧モデル：2台）を運行させています。東京都は東京オリンピックまでに、最大70台を導入する予定です。なお、都はオリンピックを機に、環境先進都市としての東京をアピールしようとしており、FCバスの導入はその一環として進められています。

▶▶ 政府の目標と施策

　政府は水素・燃料電池戦略ロードマップの中で、FCバスについて、2030年までに1,200台程度の導入を目指すとしています。現在、FCバスは首都圏を中心に導入されていますが、全国へ導入を広げていきます。

　導入の拡大に向け、現行の路線バスに限らず、さまざまな車種展開を図り、普

及拡大を促進するとしています。また、FCバスは給電機能に優れることから、各地域で災害時の電源として活用できるように、必要な取り組みを進めていきます。併せて、FCバスに対応した水素ステーションの建設を着実に進めていくとしています。

　一方、政府は車両価格について、現在の約1億円/台から、2023 ～ 24年頃を目途に半額程度まで引き下げるとしています。さらに、2030年頃までには、ビジネスとして十分に自立可能な価格水準にすることを目指しています。なお、一般的な大型ノンステップバスは約2千万円/台になりますので、FCバスの環境性能の高さを考慮しても、2千万円よりやや高め程度の価格まで引き下げる必要があります。

　目標の達成に向けては、①FCバスの車両価格の低減、②ランニングコスト低減のための燃費向上、③メンテナンスコストの低減のための耐久性向上に関する技術開発を推進するとしています。

ステーションで水素補填する都営バス＊

©岩谷産業株式会社

＊…**都営バス**　岩谷産業のホームページ（http://www.iwatani.co.jp/jpn/downloads/h2sta.html）より。

7-14

燃料電池フォークリフト

　　燃料電池フォークリフトは、排気ガスの排出がなく環境にやさしいこと、燃料の充填時間が短くて済むことから、海外では急速に普及が進んでいます。ここでは、FCフォークリフトの用途やニーズ、日本や米国市場の動向、政府の目標や施策について解説します。

▶▶ 水素の充填は約3分

　　フォークリフトは、工場、物流倉庫、貨物駅、港、空港、卸売市場などで、荷物の積み下ろしや運搬に用いられます。世界市場における年間の販売台数は、およそ100万台と言われています。

　　屋内で使用されることも多いため、エンジン式から排気ガスのない電動式への切り替えが進んでおり、電動式の割合は世界で過半を占めています。電動式のフォークリフトは、鉛バッテリを搭載していますが、充電に6 〜 8時間かかってしまうという短所があります。

　　そこで脚光を浴びるのが、燃料の充填が3分程度で済む燃料電池フォークリフトなのです。

▶▶ 日本や米国の導入状況は？

　　FCフォークリフトは、2019年2月末時点で、日本国内の空港や卸売市場などに約150台が導入されています。

　　日本で最初にFCフォークリフトの販売を始めたのは豊田自動織機です。当社は、2.5トン積タイプのFCフォークリフトを開発し、2016年11月に発売しています。2019年秋には、より小型のFCフォークリフトのニーズに応えるため、1.8トン積のFCフォークリフト（図参照）を追加発売しています。

　　一方、米国をみると、既に本格的な普及が始まっています。DOE＊は、FCフォークリフトの導入台数が2万台に到達したと報告しており、AmazonなどがFCフォー

＊**DOE**　United States Department of Energy（アメリカ合衆国エネルギー省）の略。

クリフトの大量導入を進めています。

▶▶ 政府の目標と施策

　政府は水素・燃料電池戦略ロードマップの中で、FCフォークリフトについて、2030年までに1万台程度の導入を目指すとしています。また、日本より普及が進んでいる北米市場などにおいて、海外展開を進めるとしています。

　導入の拡大に向け、車種の拡大や燃料電池ユニット等のフォークリフト以外への多用途展開（定置型発電機・農建機等）を図ることで、量産効果によるコスト低減を進める方針です。

　また、FCフォークリフトを使用する事業者は、自ら水素の充填設備を整備する必要がありますが、こうした事業者は必ずしもインフラについての知見を持っていません。インフラ事業者やメーカーと連携し、簡素で運営も容易な充填設備を導入できるように、必要な取り組みを行うとしています。

燃料電池フォークリフト*

写真提供：株式会社豊田自動織機

＊…**フォークリフト**　豊田自動織機のホームページ（https://www.toyota-shokki.co.jp/news/release/2019/05/17/002413/）より。

7-15
船舶、鉄道、航空機における燃料電池の利用

自動車以外のモビリティにおいても、ゼロ・エミッションに向けた取り組みが世界中で進められています。ここでは、燃料電池を用いた船舶、鉄道車両、航空機やドローンの技術開発の動向などについて解説します。

▶▶ 水素燃料電池船

欧州では、**水素燃料電池船**の技術開発や実証実験、商業運用が積極的に進められています。たとえば、ドイツとオランダでは燃料電池をエネルギー源とする電動の観光船が運航しており、イギリスでも小型フェリーが就航しています。

一方、日本では燃料電池船の実運用を目指して、実証実験が進められているところです。東京海洋大学と野村不動産グループのNREG東芝不動産は、2015年から「スマートエネルギー都市に用いる水素燃料電池船開発」に関する共同研究を実施しています。この共同研究の成果は、国土交通省が推進している燃料電池船の安全ガイドラインの策定に活用されています。

東京海洋大学が建造した「らいちょうN」に東芝製の燃料電池を追加搭載し、2016年10月から海上での使用における課題抽出を行っています（図参照）。なお、「らいちょうN」は全長12.6m、総トン数9.1トンの小型船で、定置用固体高分子形燃料電池7kW（3.5kW×2基）、リチウムイオン二次電池145kWh（13.2kWh×11パック）、推進用電動機90kW（45kW×2基）を搭載しています。

東芝エネルギーシステムズは、単位出力当たりの容量を1/3程度に小型化した30kWの移動型水素燃料電池システムを開発し、2019年12月に「らいちょうN」での実証実験向けに納入しています。

▶▶ FC鉄道車両

鉄道車両への燃料電池の導入に関する研究開発は、鉄道総合技術研究所により1990年代から進められてきました。2006年には、NUVERA社の100kW級燃

料電池スタックを利用したFCシステムを作成し、試験車両に搭載して走行試験を実施しています。

　また、2018年9月に、東日本旅客鉄道（JR東日本）とトヨタ自動車は、水素を活用した鉄道と自動車のモビリティ連携を軸とした包括的な業務提携を行っています。両社が保有する経営資源を活かし、JR東日本の社有地を活用した水素ステーションの整備、地域交通におけるFCVやFCバスの導入、FC鉄道車両の開発や導入などに取り組む方針です。

▶▶ FC航空機、FCドローン

　米国のスタートアップにより、燃料電池を用いた小型の電動航空機の開発が複数進められています。また、日本では、星山工業（福島県南相馬市）とビードローン（青森県三沢市）が連携して、小型燃料電池を搭載したドローンの商用化に向けて開発を進めています。

水素燃料電池船＊

燃料電池設置区画

燃料電池設置区画

水素ボンベ

写真：東京海洋大学所蔵

＊**水素燃料電池船**　東京海洋大学のホームページ（https://www.kaiyodai.ac.jp/topics/img/5622ba9c244ba165a5b14c86b9fa9240.pdf）より。

第7章　燃料電池自動車

災害時にも役立つFCV

　日本は世界でも有数の「災害大国」と言われます。日本の国土では、位置、地形、地質、気象などの自然条件から、地震、津波、火山噴火、台風、豪雨、豪雪、洪水、土砂災害などが発生しやすくなります。特に近年は、地球温暖化に起因すると思われる極端な豪雨や台風の大型化により、「数十年に一度」と言われる規模の災害が頻発するようになっています。

　自然災害につきものなのが「停電」です。記憶に新しいところでは、一年前（2019年9月）に千葉県において大規模な停電が発生しています。台風15号の記録的な暴風（千葉市では最大瞬間風速57.5m/sを観測）によって電柱などの破損や倒壊が起こり、あちこちで送電線・配電線の断線が生じました。停電が概ね復旧するまでに、2週間程度を要しています。

　このような停電に対する備えとして期待されているのが、燃料電池自動車（FCV）です。FCVに搭載した燃料電池を稼働させることで、住宅や電気製品に電力を供給することができます。

　たとえば、トヨタのMIRAIは、車載AC（交流）コンセントに接続することで、合計1,500W以内であれば、複数の電気製品を同時に使用することができます。一般家庭が使用する一日当たりの電力量を10kWhと仮定すると、約6日分の電力が供給可能です。また、別売の可搬型の給電器を用いて車載DC（直流）コンセントに接続することで、給電器の能力（4.5〜9kW程度）以内であれば、複数の電気製品を同時に使用することができます。たとえば災害時の通信手段として欠かせないスマートフォンの場合、同時に450台程度を充電することが可能です。

　上述の千葉の停電の際には、トヨタはMIRAIを10台、燃料電池バスを1台、プリウスPHVを9台、合計20台を現地へ派遣して避難所や福祉施設などを巡回し、電力を供給しています。このようにFCVはエコカーとして乗用するだけでなく、災害時には機動性を活かして給電ニーズの高い場所まで出向き、非常用電源として電力供給をサポートすることができるのです。

水素発電

　従来の化石燃料を燃やす火力発電から水素発電への転換を図ることで、脱炭素化を前進させることができます。

　また、水素発電が商用化されて広く導入が進めば、恒常的で大規模な水素需要が生まれ、原料としての水素コストが低下します。水素コストの低下は、燃料電池自動車などの普及にも有利に働きます。

　現在、水素混焼発電の実証試験や水素専焼発電の技術開発などが進められています。特に、発電設備の大手メーカーは、水素ガスタービンなどの技術開発を加速させています。

8-1
水素発電の概要とハードル

電力分野における水素利用についても、技術開発や実証試験などが進められています。水素は燃焼させてもCO_2のような温室効果ガスやSOXのような大気汚染物質が発生しないため、水素発電はクリーンな発電方法といえます。

▶▶ 水素発電の概要と波及効果

現状、再生可能エネルギーの大量導入を進めるに当たっては、その出力変動を吸収するために、天然ガス火力発電などによるサポートが欠かせません。この天然ガス火力と同等の機能を果たすことができる**水素発電**は、火力発電の低炭素化や脱炭素化に向けた有力な手段として期待されています。

水素発電では、化石燃料の代わりに水素を燃焼させ、その燃焼ガスでタービンを回して発電を行います。天然ガス等と水素を混合して発電する方式を混焼発電といい、実証試験や商用化が進められています。また、水素のみで発電する方式を専焼発電といい、世界的にみても事例が少なく、技術開発の余地が大きく残されています。

水素を利用した発電の方法として、6章で詳しく説明したような燃料電池を用いる方法もあるのですが、発電量を増やすにはセルスタックを増やす必要があり、現状では高コストになってしまいます。したがって、燃料電池は大規模な発電（数万～数十万kW級）には向いていません。

これに対し、ガスタービンを用いた水素発電では、一定の技術的なハードルをクリアすることが前提になりますが、従来のガスタービンと同様に発電の規模を拡大させることが可能です。

また、水素発電が商用化されて広く導入が進めば、恒常的で大規模な水素需要が生まれることになります（資源エネルギー庁の試算によれば、100万kWの水素専焼発電1基の年間水素使用量は、FCV223万台の年間水素使用量に相当）。そして、これに対応するための大規模なサプライチェーンが整備されれば、原料とし

ての水素コストが安くなります。水素コストが安くなれば、水素発電のコストが下がるだけでなく、FCVの燃料代も安くなり、FCVの普及に弾みがつくと考えられます。

技術的なハードルは？

水素と天然ガス等の既存燃料を比べると、水素には①発熱量が低い、②燃焼速度が速い、③火炎温度が高いなどの燃焼特性があります。したがって、水素を使用するに当たっては、ガスタービンの各種構造の最適化設計が必要になります。

具体的には、①体積当たりの燃料発熱量が1/3以下と低いため、ガス配管やノズルを工夫して、ガス流量を増加させる必要があります。②燃焼速度が約7倍速いため、予混合方式（燃料と空気を予め混合噴射する方式）の場合、逆火による燃焼器の損傷が起こらないようにする必要があります。③火炎温度が10%程度高いため、局所的にホットスポットが生じて、NO_xが発生してしまいます。このNO_xの発生を低減する必要があります。

水素発電のポイントとハードル

水素発電、波及効果

- 水素発電：既存の火力発電の低炭素化や脱炭素化に向けた有力な手段
  - 水素は燃焼させても、CO_2やSO_xの発生なし
  - 化石燃料の代わりに水素を燃焼させ、その燃焼ガスでタービンを回して発電
    ⇒ 混焼発電：天然ガス等と水素を混合して発電する方式
    ⇒ 専焼発電：水素のみで発電する方式
- 期待される波及効果
  - 水素発電が商用化されて導入が進めば、恒常的で大規模な水素需要が生じる
    ⇒ 原料としての水素コストが安くなることで、FCVの普及に弾みがつく

技術的なハードル

- 水素の燃焼特性に合わせて、ガスタービンの各種構造の最適化設計が不可欠
  ① 体積当たりの燃料発熱量が1/3以下と低いため、ガス配管やノズルに工夫が必要
  ② 燃焼速度が約7倍速いため、予混合方式では逆火による燃焼器の損傷防止が必要
  ③ 火炎温度が10%程度高く、NO_xが発生するため、このNO_x発生の低減が必要

第8章
水素発電

8-2

政府の目標と施策

政府は、NEDOのプロジェクトなどを通じて、水素発電の技術開発を支援してきました。ここでは、水素・燃料電池戦略ロードマップで示された政府の目標や施策について解説します。

▶▶ 政府の目標は？

水素発電では、水素の燃焼特性に合わせた燃焼器などの技術開発、発電燃料としての水素の調達コストの低減が、商用化に向けての課題となります。

政府は水素・燃料電池戦略ロードマップの中で、水素発電について、7つの目標を掲げています。

第1に、技術の確立や水素コストの低減に向けた取り組みを進めることで、2030年頃の商用化を目指すとしています。

第2に、既設の火力発電設備に水素混焼発電を導入するための必要条件について、2020年頃までに明確化するとしています。水素発電の導入初期の段階では、大きな設備投資が伴わない方法で着手することがポイントであり、既設の天然ガス火力発電設備での水素の混焼が有効な手段になります。

第3に、有機ハイドライドやアンモニアから脱水素反応により水素を取り出して水素発電を行う場合、排熱などを利用することで、脱水素反応を高効率化・低コスト化するとしています。

第4に、アンモニアの脱水素反応について、2020年度までにシステムの構成条件を確立させるとしています。

第5に、水素コージェネレーションシステムの技術について、NO_xの抑制に水噴射を用いない技術を開発し、2020年度までに発電効率27％（1MW級、発電端効率、LHV）、NO_x35ppm（O_2-16％換算）を達成することを目指すとしています。

第6に、将来的には、水素の調達コスト低減の見通しを踏まえ、水素専焼発電の実現に必要な要素技術の確立を目指すとしています。

第7に、水素コスト（プラント引渡しコスト）について、2030年頃には30円/Nm³程度まで低減し、さらに将来的には20円/Nm³程度まで低減することを目標に掲げています。

政府の施策は？

政府は、上記の目標達成に向けた施策として、アクションプランを示しています。アクションプランとしては、水素混焼発電における限界混焼率や事業性等に関するFS調査の実施、有機ハイドライドやアンモニアからの脱水素反応に排熱を利用してプロセスの高効率化・低コスト化を図る技術の開発、低NOx燃焼器の開発や燃焼振動対策等の将来的な水素専焼発電の実現に必要な技術開発などがあげられます。

なお、総じて水素発電に関する技術開発の目途はつきつつあるため、商用化に向けて整えるべき最も重要な条件は、水素コストの低減になります。

水素発電に関する政府の目標と施策

目標

①2030年頃の商用化
②水素混焼発電：導入の必要条件を2020年頃までに明確化
③有機ハイドライド、アンモニア：脱水素反応の高効率化・低コスト化
④アンモニアの脱水素反応：2020年度までにシステム構成条件の確立
⑤水素コージェネレーション：2020年度までに発電効率27%、NOx35ppmの達成
⑥水素専焼発電の実現に必要な要素技術の確立
⑦水素コスト：2030年頃に30円/Nm³程度まで低減

鍵は水素コストの低減

主な施策

①水素混焼発電の限界混焼率や事業性に関するFS調査
②有機ハイドライドやアンモニアからの脱水素反応に排熱を利用し、プロセスの高効率化・低コスト化を図る技術の開発
③水素専焼発電の技術開発（低NOx燃焼器、燃焼振動対策等）

8-3
水素コージェネレーション
システムの実証事業

水素発電の地域レベルでの実証試験を行うには、官民挙げての取り組みが欠かせません。ここでは、神戸市ポートアイランドにおいて、NEDOの助成金を受けて実施された1MW級水素コージェネレーションシステムの実証事業について解説します。

▶▶ 官民連携による実証プラント

神戸市では、「水素スマートシティ神戸構想」を推進しており、官民連携により水素ネルギーの利活用の促進に取り組んでいます。その一環として2017年12月、神戸市のポートアイランドに、水素ガスタービンを活用した**コージェネレーションシステム**（CGS*）の実証プラントが完成しています（図参照）。この実証事業は、NEDOの「水素社会構築技術開発事業／大規模水素エネルギー利用技術開発／水素CGS活用スマートコミュニティ技術開発事業」による助成を受け、大林組と川崎重工業が実施しています。

実証プラントでは、1MW級の水素CGSから発生させた電気や熱（蒸気）を近隣の4つの公共施設（中央市民病院、ポートアイランドスポーツセンター、神戸国際展示場、ポートアイランド処理場）へ供給しています。なお、水素CGSは、水素と天然ガスを任意の割合で混ぜ合わせて燃料とすること（混焼）も、水素だけを燃料とすること（専焼）も可能で、実証試験を通じてそれぞれの燃焼安定性や運用の安定性をテストすることができます。

2018年4月には、世界で初めて、市街地において水素専焼発電による電気と熱の同時供給を達成しています。4つの施設に合計1,100kWの電力を供給し、うち2つの施設には2,800kWの熱も供給しています。この実証試験により、各機器とシステムの性能を評価するとともに、システム全体が問題無く稼働することを確認できています。

＊**CGS**　Co-Generation Systemの略。

▶▶ メーカーの役割

　大林組は、統合型エネルギーマネジメントシステム（統合型EMS＊）の開発を担当しており、電気・熱・水素を総合的に管理し、経済性と環境性を両立できるエネルギーマネジメントシステムの確立を目指しています。水素CGSの実証運転により、地域コミュニティ内におけるエネルギーの最適制御システムの運用について検証を進めています。

　川崎重工業は、水素CGSの開発を担当しており、水素と天然ガスの混焼、および水素専焼において、安定した燃焼を実現する技術の確立を目指しています。開発した1MW級の水素ガスタービンは、ウェット方式の水噴射燃焼器を採用しており、水素と天然ガスの混合率を自在に切り替えて運転する（水素100%専焼 ⇔ 水素・天然ガス混焼 ⇔ 天然ガス100%）ことができます。ガスタービンを設置して実証運転を行うことで、出力・回転数・排気温度・圧力等の各種データを取得し、運転および運用における安定性の確認を進めています。

水素CGSの実証プラント＊

出典：川崎重工業株式会社

＊**EMS**　Energy Management Systemの略。
＊**…の実証プラント**　新エネルギー・産業技術総合開発機構（NEDO）のホームページ（https://www.nedo.go.jp/news/press/AA5_100945.html）より。

第8章
水素発電

　環境志向の高まりによって火力発電への逆風が強まる中、日本の発電設備の大手メーカーは水素発電に関する技術開発を加速させています。ここでは、川崎重工業やIHIの動向について解説します。

▶▶ 水素の専焼から混焼まで、燃焼器を開発

　川崎重工業は、前節で説明したような実証事業への参画にとどまらず、独自の設計コンセプトにより、水素ガスタービンの技術開発に取り組んでいます。ここでは、技術開発の内容や商用化へ向けた戦略など、もう少し掘り下げて解説しましょう。

　なお、図は水素発電の基本的な仕組みを示しており、水素ガスタービンは圧縮機、燃焼器、ガスタービンなどから構成されます。

　従来のガスタービンと水素ガスタービンとでは、燃料として用いるガスの燃焼特性が異なることから、燃焼器の部分に大きな違いがあります。川崎重工業では、水素ガスタービンの全体を新規に設計するのではなく、燃焼器のみを新たに設計しています。

　設計に当たっては、『水素専焼ドライ低NO_x燃焼技術』を開発しています。具体的には、燃焼器のバーナーにシャープペンシルの芯ほどの小さなノズルを採用し、そのノズルから小分けにして燃料を噴出することで、NO_xの生成を抑えながら、水素を効率良く燃焼させることができます。

　一方、鉄鋼や化学などを始めとしたさまざまな業種の規模の大きな工場では、そこで消費する電力も大きくなるため、火力発電などの自家発電所を所有する企業が少なくありません。工場で排出するCO_2を削減する必要性から、既設のガスタービンで水素を使いたいというニーズも少なからず存在します。

　川崎重工業では、このようなニーズも念頭に、既設の火力発電設備を部分的に改修することで、水素発電が可能となるような技術開発も進めています。具体的には、燃料の自由度を高めて使い勝手の良いものとするため、天然ガス、水素、

それらの混合燃料のいずれであっても対応できるような『水素専焼・混焼用燃焼バーナー』の開発に取り組んでいます。

　大型の新規設備の導入に比べ、既存設備の改修は投資金額が小さくなるため、投資のハードルが下がり、設備投資計画が採択されやすくなります。水素発電普及の初期段階において、既存の火力発電設備の改修により水素発電の導入を増やしていくことは、賢い拡販手法と言えるのではないでしょうか。

▶▶ アンモニア混焼で発電

　アンンモニアの分子式はNH₃で、水素と窒素から構成されているため、燃やしてもCO₂の排出がありません。IHIでは、水素エネルギーキャリアとしてのアンモニアに注目し、アンモニア混焼による発電の技術開発を進めています。

　2018年4月、IHIは2,000kW級ガスタービンにおいて、世界初となる熱量比率20%の混燃（総発熱量に対し、アンモニア20%、天然ガス80%）に成功したことを公表しています。

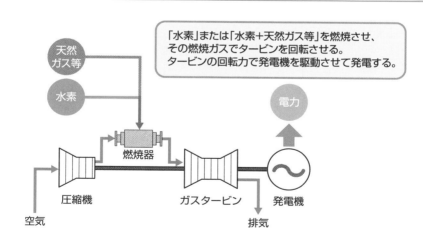

水素発電の仕組み*

「水素」または「水素＋天然ガス等」を燃焼させ、その燃焼ガスでタービンを回転させる。タービンの回転力で発電機を駆動させて発電する。

天然ガス等 ／ 水素 ／ 燃焼器 ／ 電力 ／ 圧縮機 ／ ガスタービン ／ 発電機 ／ 空気 ／ 排気

第8章　水素発電

＊…の仕組み　資源エネルギー庁 燃料電池推進室「水素発電について」（平成26年3月26日）p.2。図中の説明文は筆者が修正した。

8-5

メーカーの動向（三菱パワー）

環境志向の高まりによって火力発電への逆風が強まる中、日本の発電設備の大手メーカーは水素発電に関する技術開発を加速させています。ここでは、国内のガスタービン最大手の三菱パワーの動向について解説します。

▶▶ 大型ガスタービンで水素混焼発電

世界の火力発電システムの市場において、ゼネラル・エレクトリックやシーメンスといったグローバル企業との競争が激化する中、2014年2月に、三菱重工業と日立製作所は火力発電所向けのインフラ事業を統合し、三菱日立パワーシステムズを設立しました。その後、当社は2020年9月に、社名を三菱パワーに変更しています。

2018年1月、当社は発電用大型ガスタービンの開発において、30%の水素混焼試験に成功したと公表しています。新たに開発した水素燃焼用の燃焼器などにより、天然ガスに水素を混ぜた場合でも安定的な燃焼を実現できることを確認しています。従来の天然ガス火力発電と比べ、水素を30%混焼することで、発電時のCO_2排出量を10%低減できます。加えて、水素の燃焼により懸念されるNOXの排出を従来レベルに抑制した上で、70万kW相当（タービン入口の温度1,600℃のGTCC[*]）の出力に対応できることを確認しています。

なお、この水素混焼発電に用いる大型ガスタービンの開発は、NEDOの「水素社会構築技術開発事業／大規模水素エネルギー利用技術開発／低炭素社会実現に向けた水素・天然ガス混焼ガスタービン発電設備の研究開発」による助成を受けて実施されています。

▶▶ 水素を利用したGTCCを受注

2020年3月、三菱パワーは米国ユタ州のインターマウンテン電力（IPA：Intermountain Power Agency）が計画する水素を利用したガスタービン・コン

---

[*] **GTCC** Gas Turbine Combined Cycleの略。なお、Combined Cycleは複合発電を意味しており、ガスタービンと蒸気タービンを組み合わせることで、高い発電効率を実現できる。

バインドサイクル（GTCC）発電プロジェクトにおいて、84万kW級の発電設備を受注したと公表しています。受注金額は、300億～400億円程度とみられます。

　2025年に、水素混焼率（体積比による混合比率）を30％にして、発電設備の運転を開始する計画です。今回の発電プロジェクトは、ユタ州都ソルトレイクシティの南西約140kmに位置する石炭火力発電所の設備更新に伴って行われるものであり、水素混焼率30％ GTCCに更新することで、CO_2排出量を最大で年間約460万トン削減することができます。これは、東京都の約2.4倍の面積の森林が吸収するCO_2の量に匹敵します。

　さらに技術の改良を進めることにより、2045年までに水素100％で運転することを目指しています。なお、本プロジェクトで燃料として使用する水素については、三菱パワーが参画するユタ州内の再生可能エネルギー由来電力によるエネルギー貯蔵事業（水素などを貯蔵）からの活用が期待されています。

発電設備メーカーの動向

川崎重工業
- 水素ガスタービンの技術開発を推進
  - 水素専焼発電向けの燃焼器に関する技術開発
    ⇒ NOxの生成を抑えながら水素を効率良く燃焼させるため、燃料噴射ノズルを工夫
  - 「既設の火力発電設備を部分改修して水素発電がしたい」という顧客ニーズに対応
    ⇒ 天然ガス・水素・混合燃料に対応できる水素専焼・混焼用燃焼バーナーの開発

IHI
- アンモニア混焼による発電の技術開発を推進
  ⇒ 2018年4月、2MW級ガスタービンにおいて、熱量比率20％の混燃に成功

三菱パワー
- 大型水素ガスタービンの技術開発を推進
  ⇒ 30％の水素混焼試験を実施し、70万kW相当の出力に対応できることを確認
- 米国市場の開拓
  ⇒ ユタ州の水素を利用したGTCCプロジェクトにおいて、84万kW級の発電設備を受注

第8章　水素発電

column

「アンチエイジングに水素水」は本当か？

　いま健康志向や美容志向の人たちの注目を集めているのが「水素水」です。水素水に関するさまざまな報道や記事がマスメディアで取り上げられ、それがさらに口コミで広がるなどして、消費者の認知度が高まっているのです。水素水の公的な定義や水素含有量の明確な基準はありませんが、一般に水素水と言えば、気体の水素（水素分子＝H_2）が溶け込んだ「水」のことを指します。数多くのメーカーが水素水を市販しており、アルミ缶やアルミパウチなどのパッケージで販売されています。

　水素そのものには、アンチエイジングや美容と関係が深い「抗酸化作用」があるとされています。抗酸化作用とは、シミやシワ等の老化現象や生活習慣病の原因になる「活性酸素」を除去する働きをいいます。チョコレート、赤ワイン、緑茶、大豆などに含まれるポリフェノールは、抗酸化作用をもつ物質として知られていますが、水素にも同様の効果があるのです。

　飲料として水素水を摂取することで、体内で水素と活性酸素が結びつき、体の酸化を防ぐ効果（抗酸化作用）があると言われています。すなわち水素水を飲むことにより、手軽に老化現象や生活習慣病を防ぐことができる、と考えられるのです。

　とはいえ、水素水の人体における効果のエビデンス（証拠）は、今のところ不足しており、不明な点も多いというのが実情です。医薬基盤・健康・栄養研究所によれば、水素水の有効性について、「俗に、『活性酸素を除去する』『がんを予防する』『ダイエット効果がある』などと言われているが、人に対しては信頼できる十分な情報が見当たらない」と評価しています。

　ただし、本評価は過去に発表された論文を調査した結果のコメントであり、水素水には何の効果もないと言っているわけではありません。効果のエビデンスが不足していると言っているに過ぎないのです。

　今後さらに水素水に関する研究が進んでいけば、人に対する効果を明らかにできるかもしれません。

CO₂フリー水素

　水素の製造段階において、CO₂ の排出のないものを「CO₂ フリー水素」といいます。CO₂ フリー水素は、再生可能エネルギーや CCS を活用して製造します。

　一方、Power to Gas（P2G）とは、余剰電力を水素などに変換して貯蔵・利用する方法をいいます。再生エネの大量導入にともなう余剰電力対策として、P2G に対する期待が高まっています。

　いま現在、海外や日本国内において、CO₂ フリー水素や P2G のさまざまな実証プロジェクトが進められています。

水素エネルギーを最大限に有効活用するには、水素の製造段階においてもCO_2を排出しないCO_2フリー水素の使用がポイントになります。また、再生可能エネルギーの大量導入にともなう余剰電力対策として、Power to Gasに着目する必要があります。

▶▶ CO_2フリー水素とは？

水素は利用段階において、CO_2の排出がありませんが、従来の化石燃料を改質して水素を作る製法では、製造段階でCO_2の排出がともないます。これでは、水素エネルギーの活用において、水素のもつクリーンエネルギーという特長を十分に活かしきることができません。そこで登場してくるのが、製造段階においてもCO_2を排出しない「**CO_2フリー水素**」です。

CO_2フリー水素の製造方法としては、「再生可能エネルギーによる水素製造」と「化石燃料とCO_2回収貯留を組み合わせた水素製造」の2つがあげられます（図参照）。

再生可能エネルギーによる水素製造では、太陽光、風力、水力、地熱、バイオマスといった再生可能エネルギーから作った電力を用いて水を電気分解し、CO_2フリー水素を製造します。

化石燃料とCO_2回収貯留を組み合わせた水素製造では、天然ガスや石炭などの安価な化石燃料から水素を製造し、その際に発生するCO_2を分離回収して地下へ貯留（CCS）することにより、CO_2フリー水素を製造します。

▶▶ Power to Gasとは？

近年、地球温暖化対策やエネルギーセキュリティなどの観点から、国内・国外を問わず、太陽光、風力、水力、地熱、バイオマスといった再生可能エネルギーの導入拡大が積極的に進められています。

　再生可能エネルギーのうち太陽光発電や風力発電は、気象条件や時間帯などによって発電量が大きく変動するという問題があります。発電には同時同量*の原則があり、発電量が電力需要を上回る時は余剰電力を貯蔵する必要があるのです。現状、余剰電力の貯蔵には、揚水式水力発電や蓄電池などが用いられますが、それぞれ立地の制約や大容量化・コスト低減などに課題があります。

　そこで登場してくるのが、**Power to Gas**（P2G）です。P2Gとは、余剰電力を気体燃料に変換して貯蔵・利用する方法をいいます。P2Gの気体変換には、水を電気分解して水素を取り出す方法、および水の電気分解で得られた水素と二酸化炭素を触媒により化学反応させてメタンを生成する方法の2つがあります。水の電気分解では、主にアルカリ電解質を用いた水の電気分解が採用されています。

　なお、メタンには既存の天然ガスインフラを利用できるという長所がありますが、メタンの生成には二酸化炭素が必要であり、低コストで効率の良いCO_2分離技術の開発などの課題が残されています。

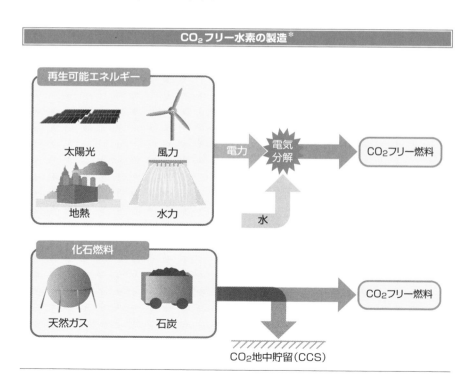

CO_2フリー水素の製造*

再生可能エネルギー

太陽光　風力
地熱　水力

電力　電気分解　→　CO_2フリー燃料

水

化石燃料

天然ガス　石炭

→　CO_2フリー燃料

CO_2地中貯留（CCS）

第9章 CO₂フリー水素

＊**同時同量**　電力の需要と供給を一致させること。電力の需給バランスが崩れると、電気が不安定になり、停電の原因となる。

＊**…の製造**　東京ガスのホームページ（https://www.tokyo-gas.co.jp/techno/category1/13_index_detail.html）より。

現在、CO_2フリー水素やPower to Gasについて、さまざまな技術開発や導入施策の検討が進められています。Power to Gas技術は、再生可能エネルギーの導入拡大や電力系統の安定化に役立つ技術としても、期待されています。

▶▶ CO_2フリー水素のプロジェクト

　水素エネルギーの社会実装を進めるに当たっては、経済性の確保、すなわち水素の調達コストを引き下げる必要があります。調達コスト引き下げのための有力な手段として、海外で大規模に水素を製造し、安価な水素を輸入することがあげられます。

　図は現在、検討や実証が進められている、海外で製造したCO_2フリー水素の調達方法を示しています。海外に豊富に存在し、かつ未利用なため安価な再生可能エネルギーや化石燃料資源を利用して、国際的な水素サプライチェーンを構築することを目指しています。

　たとえば、南米のアルゼンチン南部のパタゴニア地方では、一年を通じて強風が一定方向から吹くことが知られています。横浜国立大学を中心とした研究グループの報告によれば、パタゴニアにおける風資源の総潜在エネルギーは、2006年時点で日本の総発電量の約10倍であると試算されています。このパタゴニアで吹く風を利用して風力発電を行い、その電力を使って水を電気分解して水素を作り、日本へCO_2フリー水素を運ぶ計画が検討されています。

　また、現在、中東諸国の砂漠地帯のような広大で日射量の多い土地に、数百万枚の太陽光パネルを敷き詰め、大規模に発電を行う事業が複数実行されています。このような大規模太陽光発電による安価な電気を利用して水素を作り、日本へ運ぶ計画などの検討も進められています。

　一方、オーストラリアのラトロブバレーの褐炭を原料に水素を製造し、液化した水素を日本へ運ぶための実証事業が既に進められています（詳細は、本章6節参照）。

なお、水素の製造過程で生じたCO_2は、CCS技術によって地中に貯留されます。

▶▶ Power to Gasのプロジェクト

　Power to Gasでは、国内で余剰となった太陽光発電や風力発電から作られた電力を用いて水を電気分解し、CO_2フリー水素を製造します。NEDOの支援なども受けながら、さまざまなP2G実証プロジェクトが進められています。

　たとえば、北海道の苫前町において、2015年2月から2019年6月まで、P2Gの実証事業が行われています。本実証事業は、豊田通商、NTTファシリティーズ、川崎重工業、フレインエナジー、テクノバ、室蘭工業大学が実施者となり、風力発電の余剰電力を使って水素を製造し、水素を有機ハイドライドで貯蔵・輸送して、熱や電気を供給するシステムの技術開発に取り組んでいます。

　また、福島水素エネルギー研究フィールドでは、再生エネの導入拡大にともなって発生する余剰電力を水素に変え、貯蔵・利用する技術の実証が進められています（10章4節参照）。

CO_2フリー水素の海外調達[*]

風力、水力、天然ガスH_2　水力H_2　水力H_2　太陽光H_2　褐炭H_2　風力H_2　風力H_2

[*]…の海外調達　川崎重工業「海外連携による水素エネルギーサプライチェーンの実現に向けた取り組み」（2016.10.28）p.14

CCSはCO₂フリー水素の製造に役立つだけでなく、火力発電所や工場から大量に排出されるCO₂の削減にも大きな効果を発揮します。海外では既に多数の大規模CCSプロジェクトが立ち上げられており、日本でも苫小牧市で実証試験が進められています。

▶▶ CCSとは？

二酸化炭素回収貯留（CCS*）とは、火力発電所や工場などから排出されるCO₂を大気に放出する前に回収し、地下へ貯留する技術をいいます。

図は、CCSの仕組みを示しています。製油所、発電所、化学プラントなどから排出されたガスからCO₂を分離させて回収し、回収したCO₂を圧入施設へ送ります。圧入施設でCO₂を地下深くに圧入して、地下1,000m以上にある隙間の多い砂岩等からできている「貯留層」に貯留します。貯留層の上部は、CO₂を通さない泥岩等からできている「遮へい層」で覆われている必要があり、この遮へい層がふたの役目をして、貯留されたCO₂が地表に出るのを防ぎます。

CCSは地球温暖化対策に効果的な技術であり、IEA（国際エネルギー機関）の報告書*によれば、2060年までの累積CO₂削減量の14%をCCSが担うことが期待されています。

2018年3月現在で、世界におけるCCSの大規模プロジェクトは、運転中が17件、建設中が5件、精査・評価中が15件であり、北米で多くのプロジェクトが先行しています。

▶▶ 国内のCCS実証試験

日本では北海道苫小牧市において、CCSの実証試験が進められています。民間企業34社からの出資を受けて設立された日本CCS調査が、2012年度から2017年度まで経済産業省から「二酸化炭素削減技術実証試験事業」を受託して実地し

---

*CCS　Carbon Dioxide Capture and Storageの略。
*報告書　IEA ETP（Energy Technology Perspectives）2017

ています。引き続き、2018年度から2019年度までの2年間は、NEDOの「CCS研究開発・実証関連事業／苫小牧におけるCCS大規模実証試験」として、日本CCS調査が受託して実証試験を進めています。

　出光興産北海道製油所の水素製造装置から生成されるCO$_2$を含むガスから、CO$_2$を分離・回収し、圧入に必要な圧力まで昇圧（最大23MPa）して、苫小牧沖の海底下の貯留層にCO$_2$を圧入して貯留します。圧入井（CO$_2$を地下に圧入する井戸）は2本で、それぞれ海底下約1,000mの地層、約2,400mの地層にCO$_2$を圧入しています。年間10万トンの圧入・貯留を目標に、2016年4月から圧入作業を開始し、2019年11月にCO$_2$の累計圧入量は目標の30万トンに達しています。30万トンの目標達成にともない、CO$_2$の圧入は停止しましたが、2020年度末までモニタリングを継続する予定です。このモニタリングにより、圧入したCO$_2$の地下での状態、周辺の海中や海底の状況などを監視し、地層や海洋にCO$_2$を圧入した影響がないことを確認します。

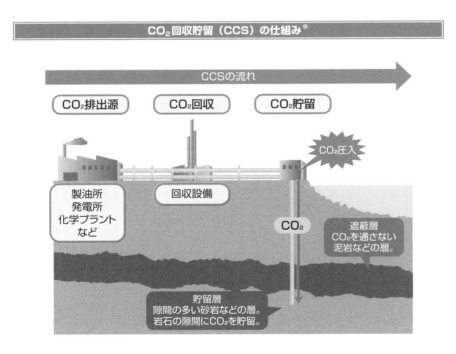

CO$_2$回収貯留（CCS）の仕組み*

CCSの流れ

CO$_2$排出源　　CO$_2$回収　　CO$_2$貯留

CO$_2$圧入

製油所
発電所
化学プラント
など

回収設備

CO$_2$

遮蔽層
CO$_2$を通さない
泥岩などの層。

貯留層
隙間の多い砂岩などの層。
岩石の隙間にCO$_2$を貯留。

第9章　CO$_2$フリー水素

＊…の仕組み　経済産業省「我が国のCCS政策について」（平成28年11月24日）p.2

9-4
海外の実証プロジェクト①
ドイツのP2Gプロジェクト

Power to Gasの実証において、世界の中でドイツが圧倒的に先行しています。ここでは、ドイツがPower to Gasに積極的に取り組む背景、および世界最大規模の水電解装置を用いたEnergie Park Mainzの実証プロジェクトの事例について解説します。

▶▶ Power to Gas実証プロジェクトの背景

ドイツでは、2011年3月に発生した福島第一原子力発電所の事故を受け、メルケル政権が脱原子力に舵を切り、運転中の原子力発電所を2022年までに段階的に閉鎖することを決めています。原発に代わり電力需要をまかなう存在として導入を推進するのが、風力や太陽光といった再生可能エネルギーです。政府は、2050年の電源構成比における再生エネ比率を80%以上にするという高い目標を設定しています。

ただ、2050年に再生エネ比率が80%となった場合、ほとんどの時間帯で再生エネによる余剰電力が生じるというシミュレーション結果もあり、余剰電力の対策は必須であるとの認識が広がっています。

そこでドイツでは、Power to Gasの実証プロジェクトへの取り組みが加速しており、20以上の多様なプロジェクトが計画・実施されています。ドイツのPower to Gasの特徴としては、風力発電による電力を用いて水素を製造し、既設の天然ガスグリッドを活用することが多い、という点があげられます。なお、ドイツでは全土にわたり、天然ガスのパイプラインが整備されています。

▶▶ Energie Park Mainzの実証プロジェクト

ドイツのラインラント＝プファルツ州マインツにおいて、シュタットヴェルケマインツ、シーメンス、リンデグループ、ラインマイン応用科学大学の4者が共同でPower to Gasのプロジェクトに取り組んでいます。

本プロジェクトでは、2015年7月から、Energie Park Mainzにおける水素の製造をスタートさせています。隣接する風力発電所の電力を用いて、世界最大規模の容量6MWのPEM型水電解装置により、水素を製造しています（図参照）。製造された水素は現場で短時間貯蔵され、一部はトレーラーに充填されて水素ステーションや工場などに供給されます。残りの水素は発電や熱利用のために、天然ガスネットワークに供給されます。水素は、最大で10%まで天然ガスに混合させることができます。

本プロジェクトにおいて、シーメンスはPEM型水電解装置の製造を担当しています。また、リンデは水素の精製、圧縮、貯蔵、充填を担当しています。このプロジェクトは、連邦経済技術省からの財政的支援を受け、2018年初頭に商業運転を開始しています。現在、Energie Park Mainzは、リンデとシュタットヴェルケマインツにより共同運営されています。

マインツのPower to Gasプロジェクト*

＊…プロジェクト　Energie Park Mainzのホームページ（https://www.energiepark-mainz.de/projekt/energiepark/）より。

第9章　CO₂フリー水素

9-5
海外の実証プロジェクト②
北米のP2Gプロジェクト

米国やカナダにおいても、再生可能エネルギーの余剰電力を用いて水素を製造するPower to Gasの実証プロジェクトが動き出しています。ここでは、米国のカリフォルニア州とマサチューセッツ州、およびカナダのオンタリオ州の事例について解説します。

▶▶ 米国の実証プロジェクト

カリフォルニア州は、米国最大の自動車市場であると同時に、最も大気汚染が深刻な地域であるため、再生可能エネルギーの導入に最も積極的に取り組んでいます。カルフォルニア州は、2030年の電源構成比における再生エネ比率を50%にするという高い目標を掲げており、再生エネの導入拡大を図るためのソリューションとして水素が位置づけられています。すなわち、再生エネ発電の導入拡大にともなう、余剰電力の対策が必須であり、Power to Gasによる水素の貯蔵・利用が重要なポイントになってくるのです。

カリフォルニア州では、この再生エネの導入目標を達成するために、国立燃料電池研究センター (NFCRC) とSoCalGasが共同でP2Gの実証プロジェクトに取り組んでいます。具体的には、カリフォルニア大学アーバイン校 (UCI) のキャンパス内の太陽光発電システムからの電力を用いて、水電解装置で水素を製造し、同キャンパスの発電所に水素を供給しています。現状では、UCIキャンパス内のマイクログリッドと連携させるにとどまっていますが、将来的にはカリフォルニア州全体のグリッドと連携したP2Gの実現を目指しています。

一方、ITM Powerは、マサチューセッツ州の助成を受け、再生可能エネルギーの余剰電力を用いて水素を製造して貯蔵・利用する、数MW規模のP2G事業の実証試験に取り組んでいます。マサチューセッツ州エネルギー資源省（DOER）では、2020年までに200MWhのエネルギー貯蔵量の目標を掲げています。なお、ITM Powerは英国を拠点とするベンチャー企業で、水電解装置などを製造・販売しています。

▶▶ カナダの実証プロジェクト

　カナダのオンタリオ州マーカムでは、北米初となる2.5MW級のPEM型水電解施設を運用するプロジェクトがスタートしています。本プロジェクトは、天然ガス供給会社であるEnbridgeと、水素エネルギー関連設備メーカーであるHydrogenicsとのジョイント・ベンチャーで運営されています。

　現状、オンタリオ州では、使用される電力よりも多くの電力が生産される場合があり、その余剰電力を用いて、Hydrogenicsの水の電気分解技術により水素を製造します。そして、製造した水素ガスは一旦貯蔵した後、天然ガスに水素を混合して顧客へ供給します（図参照）。なお、混合ガスの提供に当たっては、Enbridgeの天然ガス網が使用されます。

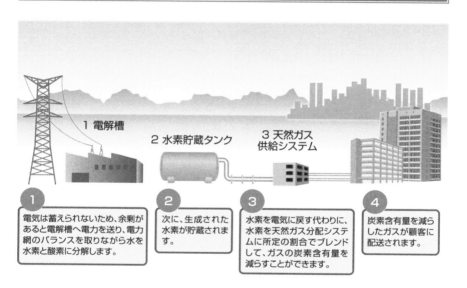

低炭素エネルギープロジェクト*

1　電解槽　　2　水素貯蔵タンク　　3　天然ガス供給システム

1　電気は蓄えられないため、余剰があると電解槽へ電力を送り、電力網のバランスを取りながら水を水素と酸素に分解します。

2　次に、生成された水素が貯蔵されます。

3　水素を電気に戻す代わりに、水素を天然ガス分配システムに所定の割合でブレンドして、ガスの炭素含有量を減らすことができます。

4　炭素含有量を減らしたガスが顧客に配送されます。

第9章　CO₂フリー水素

＊…プロジェクト　Enbridge社のホームページ(https://www.enbridgegas.com/Natural-Gas-and-the-Environment/Enbridge-A-Green-Future/Hydrogen-Storage)より。

日本の実証プロジェクト①
海外の未利用褐炭の利用

燃料となる水素のコスト低減に向け、国際的な水素サプライチェーンを構築するための実証事業が進められています。ここでは、オーストラリアの褐炭を利用して水素を製造し、水素を液化して日本へ輸送する実証プロジェクトについて解説します。

▶▶ 褐炭を利用して水素を製造

オーストラリアのビクトリア州、ラトロブバレーの褐炭を利用して、水素サプライチェーンを構築するための実証事業が進められています。**褐炭**とは、水分や不純物が多く、品質の低い石炭をいいます。褐炭は、重くかさばるために輸送効率が悪く、発熱量も低いという短所があります。加えて、褐炭は乾燥すると自然発火する恐れがあるため、採掘してもすぐ近くにある火力発電所でしか利用できないなど、利用先が限られています。そのため国際的には取引されておらず、安価に調達できるエネルギー資源です。

褐炭の埋蔵量は、オーストラリアだけでも日本のエネルギー需要の数百年分に相当するといわれており、この豊富で低コストの未利用化石燃料資源を用いて水素を製造することで、水素を安定的かつ低コストに供給することができます。

▶▶ 水素サプライチェーン構築実証事業

2016年2月に、NEDOの水素サプライチェーン構築実証事業の実施主体として、川崎重工、岩谷産業、シェルジャパン、電源開発の4社が参加し、「CO_2フリー水素サプライチェーン推進機構（HySTRA）」を設立しています。

HySTRAは、褐炭を有効利用した水素製造、輸送・貯蔵、利用からなるCO_2フリー水素サプライチェーンの構築に向けて、技術の開発や実証に取り組んでおり、2030年頃の商用化を目指しています。

現在、HySTRAは設立時の4社に加え、丸紅、ENEOS、川崎汽船の3社も参加し、実証事業を加速させています。

▶▶ CO₂フリー水素サプライチェーンの構築

　図は、本実証事業の水素サプライチェーンを示しています。

　なお、オーストラリア政府とビクトリア州政府は、NEDOの実証事業と協調して、水素製造設備や水素液化設備や荷役基地の建設を支援しています。同時に連邦政府と州政府は、水素の精製プロセスで生じるCO_2を地下貯留するため、CCSプロジェクトを推進しています。

　採掘した褐炭は、まずガス化され水素を含むガスの形に変換します。電源開発は、この褐炭ガス化技術の開発に取り組んでいます。次に、ガス精製から水素液化、液化水素積荷までのプロセスは、オーストラリアの企業が担当します。その後の液化水素の海上輸送、および日本での荷役に関する技術開発などは、川崎重工、岩谷産業、シェルジャパンが担当しています。

　2020年〜2021年に、褐炭のガス化や水素精製、水素の液化や貯蔵、オーストラリアから日本への液化水素の海上輸送、日本での液化水素荷役を実証する予定です。

褐炭を利用した水素サプライチェーン*

*…**サプライチェーン**　HySTRAのホームページ（http://www.hystra.or.jp/project/）より。

第9章　CO₂フリー水素

9-7
日本の実証プロジェクト②
太陽光発電の不安定な電力の利用

太陽光発電では、季節や時間帯によって大きく出力が変動しますが、その不安定な部分の電力を用いて水素を製造し、利用する実証事業が進められています。ここでは、山梨県甲府市の米倉山で実施されている実証プロジェクトについて解説します。

▶▶ NEDOの委託事業で採択

2016年11月に、山梨県、東レ、東京電力ホールディングス、東光高岳の4者は、CO_2フリーの水素エネルギー社会実現に向けたPower to Gas（P2G）システムの技術開発や実証研究を推進するため、協定を締結しています。

本協定は、NEDOの「水素社会構築技術開発事業／水素エネルギーシステム技術開発」に採択されたことを受け、「テーマ：CO_2フリーの水素社会構築を目指したP2Gシステム技術開発」を実施するために締結されました。

▶▶ 太陽光発電から水素を製造

「CO_2フリーの水素社会構築を目指したP2Gシステム技術開発」の実証プロジェクトでは、太陽光発電による電力を用いて、水電解装置により水素を製造し、圧縮水素にして貯蔵・輸送します（図参照）。本実証プロジェクトは、山梨県甲府市内の米倉山(こめくらやま)で実施され、そこには10MWの太陽光パネルが設置されています。

太陽光発電の電力のうち、安定した部分は電力系統へ送電される一方、不安定な部分の電力を用いて、固体高分子形水電解水素製造装置により、年間45万Nm^3の水素を製造する計画です。製造した水素は、圧縮機で高圧にしてシリンダーに詰め、水素の利用先へ出荷されます。工場やスポーツ施設等での利用を想定しており、純水素ボイラーや純水素型燃料電池の燃料として使用します。

2021年度から、再生可能エネルギー由来水素の社会導入に向けた、本格的な実証試験をスタートさせる予定です。

▶▶ 目標はP2Gシステムの確立

　本実証プロジェクトを通して、山梨県は、電力系統安定化対策として電力貯蔵技術の開発を推進することにより、再生可能エネルギーの導入を促進することを目指しています。併せて、県内に技術開発や実証研究の拠点を整備することで関連産業の振興を図り、CO_2フリー水素の利活用の促進や県内産業の活性化を狙っています。

　東レは、電解質膜や電極基材などの燃料電池や水電解向け材料の開発・製造・販売を通して、水素製造（水電解）、水素インフラ（圧縮・貯蔵）、水素利用（燃料電池）に関する技術の発展に貢献することを目指しています。

　東京電力は、国内外で培ってきたエネルギーの効率利用や再生エネに関する技術・ノウハウを活用して、P2Gシステムの電力系統適用性を確保するという役割を担っています。

　東光高岳は、再生エネによる水素製造を行う電力設備の設計やエネルギーマネジメントシステムの開発を担っています。

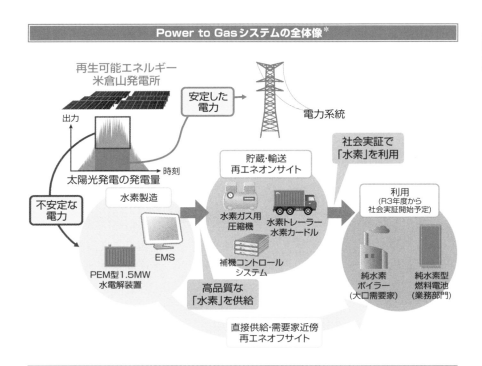

Power to Gas システムの全体像＊

＊…の全体像　山梨県、東レ、東京電力ホールディングス、東光高岳「水素社会構築技術開発事業／水素エネルギーシステム技術開発／CO2フリーの水素社会構築を目指したP2Gシステム技術開発」（2019.6.18）p.23

第9章　CO_2フリー水素

9-8
日本の実証プロジェクト③
風況等に恵まれた北海道でのP2G

北海道は再生可能エネルギーにおいて、高い導入ポテンシャルを持っています。さらなる再生エネの導入拡大に向けては、出力変動の対策が必要になります。ここでは、北海道稚内で進められている、Power to Gasの実証プロジェクトについて解説します。

▶▶ 風力発電の導入が進む北海道稚内

北海道は、風力・太陽光・バイオマスなどの再生可能エネルギーの賦存量に恵まれています。特に、風力発電の導入ポテンシャル（年間発電電力量）は、陸上風力において日本全体の47%、洋上風力において30%を占めており、北海道は国内で最大の導入ポテンシャルを誇っています。

日本最北端の宗谷岬のある稚内市は、三方を海に囲まれ、風況に恵まれているという地域特性があります。古くはニシン漁が盛んだった昭和初期に、北海道で初めて小型風車が設置され、漁師が番屋で網の補修などをする際の照明に使われていたと言われています。1995年にNEDOの「風力開発フィールドテスト事業」に採択されたことを皮切りに、風力発電の導入が進み、現在では84基、発電量10万kWの風車が建設されています。

そんな稚内において、水素エネルギーシステムの実証事業が進められています。

▶▶ 稚内でPower to Gasの実証プロジェクト

稚内市の実証事業は、日立製作所、北海道電力、エネルギー総合工学研究所の3社が共同で進めています。2016年度にNEDOの「水素社会構築技術開発事業／水素エネルギーシステム技術開発」の委託先に採択され、同年11月より、水素を活用して風力発電などの再生可能エネルギーの出力変動や余剰電力を吸収・制御するシステムに関する、事業可能性調査に着手しています。

2017年8月には実証フェーズに移行し、「テーマ：稚内エリアにおける協調制

御を用いた再エネ電力の最大有効活用技術」の実証研究を加速させています。

　本実証事業は、再生可能エネルギー由来電力の活用を最大化するため、水電解装置や蓄電池、および水素混焼エンジンの協調制御システムにより、短周期・長周期変動緩和や下げ代不足対策等のサービスを提供することを目的としています（図参照）。

　なお、電力系統は需給バランスを整えないと周波数が変動してしまうため、電力需給の変動や再生エネの出力変動に対応して、火力発電などにより調整余力を確保する必要があります。一般に火力発電は一定負荷以下の運転ができないため、最低負荷運転を行った場合、これらの変動に対応して出力を下げられなくなることがあり、このような状態を下げ代不足といいます。

　本実証試験は、2022年度まで実施される予定です。将来的には、日立製作所は本実証事業で得た電力の変動緩和に関するノウハウを活かし、水素エネルギーシステムの提案・販売の事業化を目指しています。また、北海道電力は、出力変動の調整力を確保することで、北海道における再生エネの導入拡大を可能にすることを目指しています。

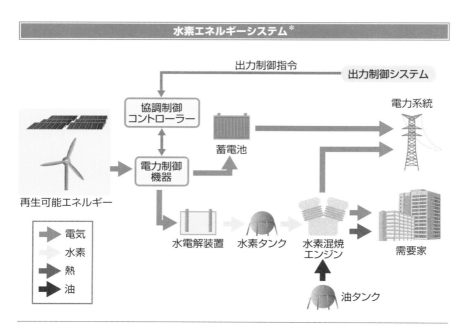

＊…システム　日立製作所のホームページ（http://www.hitachi.co.jp/New/cnews/month/2016/11/1102.html）より。

日本の実証プロジェクト④
水素エネルギーの建物や街区への導入

ゼロエミッション・水素タウンの構築に向け、建物付帯型のコンパクトで安全な水素エネルギー利用システムを開発して、建物や街区への導入を目指す動きが加速しています。ここでは、清水建設と産業技術総合研究所が進めるプロジェクトについて解説します。

▶▶ 建物付帯型の水素エネルギー利用システム

清水建設と産業技術総合研究所は、太陽光発電などの再生可能エネルギーの余剰電力を用いて水素を製造・貯蔵し、必要に応じて水素を燃料にして発電する、建物付帯型の水素エネルギー利用システム「Hydro Q-BiC」を共同開発しています（図参照）。

この水素エネルギー利用システムは産業技術総合研究所の福島再生可能エネルギー研究所（FREA）内に建設され、2017年6月から本格的な実証運転を開始しています。本実証システムは、太陽光発電装置（出力20kW）、水電解装置（5Nm³/h）、水素貯蔵装置（約40Nm³）、燃料電池（出力3.5kW）、蓄電池（出力10kW）で構成され、延床1,000m²程度の建物での利用を想定しています。なお、蓄電池は短期かつ少量のエネルギー貯蔵、水素貯蔵装置は長期かつ大量のエネルギー貯蔵に使用されます。

水素貯蔵装置については、最大で体積の1千倍の水素を吸蔵するという特性を持つ水素吸蔵合金を用いており、建物内でのコンパクトかつ安全な貯蔵を実現しています。水素貯蔵装置の開発に当たっては、産業技術総合研究所が蓄積してきた水素吸蔵合金に関する研究成果を活用しています。

一方、水素エネルギー利用システムの制御については、清水建設が開発したスマートBEMS*を活用し、太陽光パネルの発電状況と建物の電力・熱需要を勘案して、水素の製造・貯蔵・放出等を最適制御する技術の確立を目指しています。たとえば、春や秋に生じた余剰電力を用いて水素を製造・貯蔵しておき、夏や冬の室内空調にそれを利用するなど、効率的なエネルギー制御技術の検討を進めています。

＊BEMS　Building Energy Management Systemの略。

▶▶ 卸売市場で実証試験

　2019年7月に、清水建設と産業技術総合研究所は、福島県の郡山市総合地方卸売市場内の管理棟（床面積2,600m^2）に「Hydro Q-BiC」を適用し、運用を開始しました。

　適用するシステムは、太陽光発電装置（出力64.5kW）、水電解装置（5Nm^3/h）、水素貯蔵装置（80Nm^3）、燃料電池（出力3.5kW×4台）、蓄電池（出力10kW×2台）で構成されています。スマートBEMSによって、これらの装置を一元的に監視・制御することで、エネルギーの利用を最適化しています。

　本システムは、6時〜18時に太陽光パネルで発電した電力のうち、建物で直接使用できない余剰電力（最大30kW）を使用し、1時間に最大5Nm^{3}の水素を製造・貯蔵することができます。また、朝5時〜9時は電力使用ピークの時間帯であり、太陽光パネルの発電に加え、水素を使った燃料電池からの発電と蓄電池からの放電による最大34kWの電力を管理棟へ供給します。

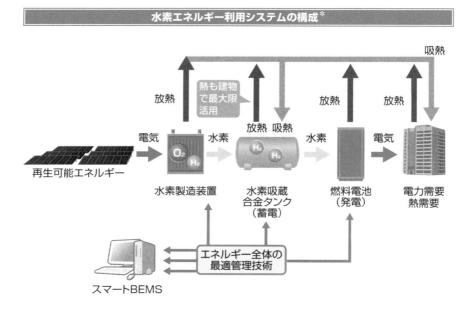

水素エネルギー利用システムの構成*

*…の構成　清水建設のホームページ（https://www.shimz.co.jp/solution/tech362/）より。

第9章 CO₂フリー水素

メタネーションで
カーボンリサイクル

　二酸化炭素（CO_2）を削減するための有力な手段の1つとしてカーボンリサイクルがあげられます。カーボンリサイクルとは、CO_2を炭素資源として捉え、再利用することをいいます。具体的には、火力発電や鉄鋼・化学製品の製造過程などで大量に発生するCO_2を回収して、化学品・燃料・鉱物等の製品の原料として再利用し、大気中に放出されるCO_2を削減します。経済産業省は、2019年6月に「カーボンリサイクル技術ロードマップ」を策定するなどして、カーボンリサイクルの技術開発を推進しています。

　このようなカーボンリサイクル技術の一つにメタネーションがあります。メタネーションとは、CO_2と水素（H_2）から天然ガスの主成分であるメタン（CH_4）を合成する技術をいいます。火力発電所などから排出されるガスの中から分離・回収したCO_2と、水の電気分解などで生成した水素を、触媒を充填した反応容器内で反応させてメタンを合成します。合成したメタンを燃料として燃焼させる際に発生するCO_2は、分離・回収したCO_2と相殺されると考えられます。将来的には、再生可能エネルギーによる電力を使用して水電解によりCO_2フリー水素を製造すれば、トータルでのCO_2の排出を大幅に削減することができます。

　メタネーションの技術確立に向けた取り組みが、新潟県長岡市で進められています。2019年10月、NEDO、国際石油開発帝石、日立造船の3者は共同で、メタネーションの試験設備を国際石油開発帝石の長岡鉱場の越路原プラント敷地内に完成させました。本試験設備では、越路原プラントで天然ガスを生産する際に付随して排出されるCO_2と、水の電気分解によって製造された水素を合成することで、メタンを製造します。メタンを合成する反応器は日立造船が開発しており、メタン合成能力は1時間当たり8Nm^{3}です。この試験設備の稼働を通じて、メタン合成プロセスの反応温度、反応圧力、反応負荷などの最適条件を把握するなど、さまざまな技術課題の評価・検討を進めています。

　このようなメタネーションを含むカーボンリサイクル技術は、脱炭素社会を実現するための柱の一つとして期待されています。

水素社会へ向けて

　水素エネルギーを利用した機器は、一部で商用化が始まっています。また、水素の調達コストを下げるため、グローバルな水素サプライチェーンの実証事業も進められています。

　来年開催が予定されている東京オリンピックでは、日本が保有する水素エネルギーに関する技術力を国際社会へ PR する計画です。福島水素エネルギー研究フィールドには、1 万 kW 級の水素製造設備が設置され、太陽光で発電した電力を用いて水素を製造し、オリンピックの際にはこの水素が利用されます。

　産官学によるさまざまな取り組みが功を奏し、今まさに水素社会の扉が開かれようとしています。

10-1
水素利用の取り組みと方向性

21世紀に入り、水素エネルギーに関連した技術の商用化が加速しています。ここでは、定置用燃料電池の普及状況や導入拡大に向けた方策、燃料電池自動車や水素ステーションの現状やFCV普及に向けた取り組みの加速などについて解説します。

▶▶ 定置用燃料電池の普及は？

日本では、2009年5月に世界に先駆け、家庭用燃料電池（エネファーム）が市場へ投入されました。その後の技術開発によるコスト低減や性能向上、および国の導入支援による普及初期の市場の確立などを通じて、およそ10年後の2019年11月には、エネファームの累積普及台数は30万台を突破しています。

業務・産業用燃料電池については、NEDOの助成を受けて複数のメーカーが技術開発を進めており、2017年以降、新製品が相次いで市場へ投入されています。さらなる発電効率向上に向けたメーカーによる機器開発の取り組みや、国の導入支援などにより、普及の拡大が期待されています。

家庭用燃料電池や業務・産業用燃料電池のような定置用燃料電池には、オンサイトで、かつコージェネレーションで電気だけでなく排熱も利用することにより、エネルギーの利用効率が高くなるという特長があります。製品のさらなるコストダウンが前提になりますが、同等機能の従来製品と定置用燃料電池を、それぞれ導入した場合のイニシャルコストとランニングコスト（燃料費等）を明確にし、顧客に丁寧に説明することが顧客支持の獲得につながります。定置用燃料電池の導入について、ライフサイクルコストに環境性能も加味したトータルで優位性があることを、顧客に納得していただくことにより、導入拡大を推し進めることができると考えられます。

▶▶ 燃料電池自動車の普及は？

燃料電池自動車については、2014年12月にトヨタが世界初となる量産型の

FCV「MIRAI」を発売したことに続き、2016年3月にはホンダがFCV「CLARITY FUEL CELL」を発売しました。このように日本では、世界に先駆けてFCVの市場展開が進んでいます。

　一方、FCVの普及に向けて不可欠となる水素ステーションは、2014年7月に岩谷産業が日本初となる水素ステーションをオープンさせています。2020年7月時点で、四大都市圏を中心に132カ所の水素ステーションが整備されています。

　FCVの普及に向けた環境は少しずつ整ってきていますが、FCVの低コスト化に向けた技術開発、規制の見直し、水素ステーションの戦略的整備などの取り組みを加速させる必要があります。

　また、2016年11月に豊田自動織機がFCフォークリフトを発売し、2018年3月にはトヨタ自動車が量販型FCバスを発売しています。自動車以外のモビリティの燃料電池化を進めることで、燃料電池のコスト低減や水素価格の引き下げにつなげることができます。

商用化の現状と普及拡大の方策

定置用燃料電池

- 家庭用燃料電池（エネファーム）
  - ・2009年　5月、世界に先駆けて市場投入
  - ・2019年11月、累積普及台数が30万台突破
- 業務・産業用燃料電池
  - ・2017年以降、新製品を相次いで市場投入

ライフサイクルコストや環境性能など、トータルでの優位性を訴求

燃料電池自動車（FCV）

- FCV
  - ・2014年12月、トヨタが「MIRAI」を発売
  - ・2016年　3月、ホンダが「CLARITY FUEL CELL」を発売
- 水素ステーション
  - ・2020年7月時点で、四大都市圏を中心に132カ所を整備

自動車以外のモビリティの燃料電池化を進める
　→ 燃料電池のコスト低減、水素価格の引き下げ

第10章　水素社会へ向けて

5章4節でみたような有機ケミカルハイドライド法によって、海外から水素化物
（メチルシクロヘキサン）を大量かつ安価に輸入して利用するためのプロジェクト
が、世界に先駆けて進められています。

▶▶ 水素サプライチェーン実証事業

2017年7月に、NEDO、および千代田化工建設、三菱商事、三井物産、日本郵船は、
ブルネイ・ダルサラーム国と連携し、世界に先駆けて国際間の水素サプライチェー
ンの実証事業に、本格的に着手することを公表しています。

図は本実証事業のスキームを示しており、千代田化工建設、三菱商事、三井物産、
日本郵船の4社は実証事業に本格的に取り組むため、**次世代水素エネルギーチェー
ン技術研究組合**（AHEAD）を設立しています。なお、本実証事業には研究協力
先として、三菱パワーと日本政策投資銀行が名を連ねています。また、川崎市と
千代田化工建設は、2013年に低炭素化やエネルギーの多様化に取り組むための
包括連携協定を締結しており、川崎市は国等の関係機関や水素利用先企業等との
調整などを通して、円滑な水素サプライチェーンの構築に向けた支援を行ってい
ます。

2019年までにブルネイ・ダルサラーム国内に水素化設備を、川崎市臨海部（東
亜石油の京浜製油所内）に脱水素設備をそれぞれ完成させています。2020年4
月には、ブルネイ・ダルサラーム国で生成した原料（MCH）を用いて、脱水素設
備の稼働をスタートさせています。

▶▶ 有機ハイドライドで海上輸送

ブルネイ・ダルサラーム国は、石油や天然ガスに恵まれた資源国です。日本は、
天然ガスを冷却して液体化したLNG＊を、1972年からブルネイより輸入していま
す。本水素サプライチェーン実証事業では、ブルネイにあるLNGプラントのプロ

＊**LNG**　Liquefied Natural Gasの略。液化天然ガスのこと。

セス発生ガスを用いて、水蒸気改質により製造した水素を原料として使用しています。ブルネイの水素化設備では、水素とトルエンを化学反応させて、メチルシクロヘキサン（MCH）という常温常圧で液体の物質に変換（水素化反応）します。そして、MCHをISOタンクコンテナに充填して、船により日本まで輸送します。

　到着したMCHは、川崎市臨海部にある脱水素設備により、水素とトルエンに分離（脱水素反応）します。分離した水素ガスは、東亜石油の製油所内で火力発電設備の燃料として利用されます。一方、トルエンは、ブルネイへと送り返され、同国にて再び水素と化学反応させてMCHを生成します。このようにトルエンは、繰り返し使用されることになります。

　本実証事業の規模は、年間で最大210トンの水素を供給することができます。これは、燃料電池自動車にして、約4万台分の供給能力に相当します。なお、実証事業は2021年3月に終了する計画ですが、その後も商用化に向けた取り組みを推進していく予定です。

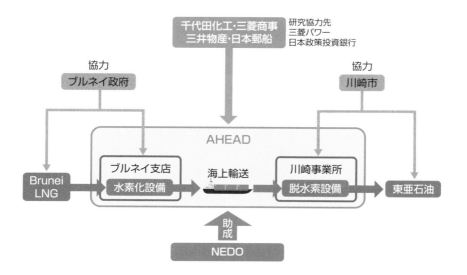

実証事業のスキーム*

第10章　水素社会へ向けて

＊…のスキーム　川崎市のホームページ（http://www.city.kawasaki.jp/590/cmsfiles/contents/0000082/82981/chiyoda.pdf）より。

東京オリンピックの水素利用

東京都は東京オリンピック・パラリンピックの開催をきっかけにして、水素エネルギーの普及拡大を目指しています。ここでは、東京都の水素社会実現に向けた取り組み、オリンピックにおける水素エネルギーの利用、水素タウン構想について解説します。

▶▶ 選手村や輸送で水素を活用

2014年4月、東京都では水素社会の実現に向け、「水素社会の実現に向けた東京戦略会議」を設置しました。この戦略会議では、産学官が一堂に会し、2020年の東京オリンピック・パラリンピック＊における水素エネルギーの活用に向けた環境整備、および2030年を見据えた将来の水素エネルギーの活用の可能性や課題について議論しています。

ここでの議論は2015年2月に取りまとめられ、2020年までに水素ステーションを都内35カ所に整備し、燃料電池自動車を6千台、燃料電池バスを100台以上導入するなどの数値目標を設定しています（図参照）。なお、35カ所の水素ステーションを設けることで、自動車で都内を平均的な速度で走ったと仮定して、約15分で最寄りの水素ステーションに到着することができます。東京都はこの目標を踏まえ、水素エネルギーの利便性や安全性に関する、都民や事業者などの理解を得ながら、官民をあげた取り組みを進めています。

東京オリンピック・パラリンピックの運営にかかわる具体的な水素エネルギーの利用法としては、選手村や会場への輸送などで水素エネルギーを用いることがあげられます。中央区晴海に建設された選手村やメーンスタジアムとなる新国立競技場（新宿区）に燃料電池を設置し、施設内の照明・冷房等で使用する電力や温水を供給します。また、会場までの選手や観客の輸送手段として燃料電池バスが運行され、会場間における大会関係者の移動用として燃料電池自動車が使用されます。さらに、聖火台に灯す火の燃料として、水素が使用されます。東京都はオリ

＊**2020年の東京オリンピック・パラリンピック**　新型コロナウイルスの影響で、1年延期された。

ンピック期間中に来日したVIPや関係者に対し、「環境先進都市のモデル」として
PRしていく予定です。

▶▶ オリンピック後は水素タウンに！

　選手村の建設に当たっては、近接した場所に水素ステーションが設置され、そ
こから水素を供給するためのパイプラインが全長約1.2kmにわたって敷設されて
います。この水素供給インフラは、オリンピック後も活用されることになります。

　選手村で使用された宿泊施設などは、改修して民間マンションや商業施設に転
用されます。また、新たに50階建ての超高層住宅2棟が建設され、全体で約6千
戸の住宅を抱える新しい街として生まれ変わります。そこには、学校、保育施設、
介護住宅も造られます。

　水素は主にマンションや商業施設の共用部でエネルギーとして利用され、オリ
ンピックの選手村は巨大な「水素タウン」として再整備されることになるのです。

東京における水素の普及拡大期に向けたロードマップ*

	2015	2020	2025	2030
		35か所	80か所	

水素ステーションの整備
○ 利便性を考慮しながら、燃料電池車の普及に先んじて計画的に整備

燃料電池車　6千台
燃料電池バス 100台以上を目指す　　燃料電池車 10万台

燃料電池車・バスの普及
○ ハイブリッド車の普及実績や市場動向を踏まえ、目標設定

業務・産業用燃料電池　家庭用燃料電池 15万台(最大出力10万Kwに相当)　　家庭用燃料電池
高効率モデルの市場投入　業務・産業用燃料電池 本格普及　　100万台
(最大出力70万Kwに相当)

家庭用燃料電池や業務・産業用燃料電池の普及
○ コストダウン、ダウンサイジングを通じて自立的な普及を目指す
【家庭用燃料電池】　　　　　【家庭用燃料電池】
・新築集合住宅、既存戸建住宅を　・コストダウン、ダウンサイジングにより
中心とした普及拡大　　　　　集合住宅への普及を加速

＊‥ロードマップ 「水素社会の実現に向けた東京戦略会議（平成26年度）とりまとめ」（平成27年2月）p.22か
ら抜粋。

10-4
福島新エネ社会構想

原発災害により大きな被害を受けた福島県では、そこからの復興と発展に向け、再生可能エネルギーや水素エネルギーに着目し、新たな産業基盤の創出を目指しています。ここでは、福島新エネ社会構想の概要、水素社会実現のモデル構築について解説します。

▶▶ 福島の復興をエネルギー分野で後押し

「福島新エネ社会構想」は、2011年3月の東日本大震災や原子力発電所の事故により深刻な被害を受けた福島県の復興を、エネルギーの分野から後押しするものであり、福島県全体を新たなエネルギー社会のモデル拠点にすることを目指しています。福島新エネ社会構想は2016年9月に策定され、経済産業省等の関係省庁、福島県、電力会社、民間事業者などが連携し、さまざまな事業が推進されています。

福島新エネ社会構想の3つの柱として、「再生可能エネルギーの導入拡大」「水素社会実現のモデル構築」「スマートコミュニティの創出」があげられます。

再生可能エネルギーの導入拡大では、福島県沿岸部や阿武隈山地における再生エネの導入拡大のため、風力発電事業者、太陽光発電事業者、東京電力、東北電力が共同で新たな事業体を設立し、効率的な送電線の整備などを進めています。

また、スマートコミュニティの創出では、経済産業省、福島県、民間事業者が連携し、県内の6市町村において、事業が進められています。

▶▶ 再生エネ由来の水素製造

福島新エネ社会構想のもう1つの柱である水素社会実現のモデル構築では、再生可能エネルギーから水素を「作り」、「貯め・運び」、「使う」といったシステムを構築するための実証事業などが行われています。

2017年8月から、浪江町において水素製造施設「福島水素エネルギー研究フィールド（Fukushima Hydrogen Energy Research Field（FH2R））」のプロジェ

クトがスタートしています。図の網掛けした部分が、浪江町における実証システム
の範囲になります。ここでは、再生エネ電源として太陽光が利用され、設備容量
約2万kWの太陽光パネルで発電を行います。そして、その電力を用いて大規模な
水素製造設備（1万kW級）で水の電気分解を行い、水素を製造します。

　本プロジェクトには、新エネルギー・産業技術総合開発機構（NEDO）、東芝エ
ネルギーシステムズ、東北電力、岩谷産業が携わっています。水素製造施設の建
設工事は、2018年7月に着工され、2019年10月頃に完了しています。試運転
を行った後、2020年7月に本格運用がスタートする予定です。

　水素製造設備の生産能力は、1時間当たり約1,200Nm^{3}です。1日の水素製造量で、
560台のFCVに水素を充填、もしくは約150世帯の家庭に電力を供給できます。

　ここで作られた水素は東京へも輸送され、東京オリンピック・パラリンピックの
大会期間中、水素ステーションなどにおいて活用される予定です。

再生可能エネルギー由来水素の実証システム *

第10章　水素社会へ向けて

＊…システム　「福島新エネ社会構想実現会議 再生可能エネルギー由来水素プロジェクト検討WG」2018年3月
配布資料より。

10-5
水素社会の未来図

気候変動問題を解決するための切り札などとして、大きな期待を集める水素ですが、来るべき水素社会とは、どのような姿をしているのでしょうか。ここでは、水素社会の意味するもの、水素を利用する意義、水素社会の未来予想図について解説します。

▶▶ 再生エネと水素がエネルギーの両輪

「水素社会」と言っても、そこはエネルギー需要のすべてを水素でまかなう社会ではありません。水素社会の現実的な姿は、「水素の利用が社会の中に広く浸透し、エネルギー供給の重要な役割の一端を担っている社会」であると考えられます。

石油や原子力を始めとして、何に由来するエネルギーを利用するのかは、さまざまな選択肢があり、水素でなければ社会が回らないということはありません。ただし、持続可能な社会への転換が求められる中、自然の力を利用する再生可能エネルギーを最大限導入していくことは、人類にとって最も重要なテーマの1つとなっています。

水素エネルギーを利用する意義は、水素自体がクリーンであるから、という理由にとどまらず、太陽光や風力といった再生エネの大量導入をサポートできる点にあります。再生エネと水素を両輪にしたエネルギーシステムを構築していくことで、CO_2排出のない、持続可能な社会への転換を実現できるのです。

▶▶ 未来予想図

図は水素が将来、どのように利用されていくのか、その未来予想図を示しています。私たちの身近な所で、さまざまな用途に水素が利用されるようになることが期待されています。

安価な資源を用いて海外で大量生産された水素[*]は、水素輸送タンカーで日本の港まで海上輸送されます。港に到着した水素は、岸壁に備えられたパイプライ

---

[*]…水素　水素の輸送・貯蔵は、液化水素や有機ハイドライド等の状態にして行われるが、ここではその解説を省略した。水素の輸送・貯蔵については、5章などを参照のこと。

ンなどによって陸上へ荷揚げされ、水素貯蔵設備で貯蔵されます。

　水素貯蔵設備に一時的に貯蔵された水素は、隣接する水素発電所へ供給され、発電用の燃料として大量消費されます。同時に、水素輸送ローリーに水素を充填して、水素ステーションまで運ばれます。水素ステーションでは、燃料電池自動車、燃料電池バス、燃料電池フォークリフト、燃料電池スクータ等のモビリティに水素を供給します。

　一方、地域内の風力、太陽光、水力などの再生可能エネルギーから作られた電力を用いて、水電解装置により水を電気分解して水素を製造します。製造された水素は、モビリティ、オフィスビルや商業施設に設置した業務用燃料電池、家庭用に開発された純水素型のエネファームに供給されます。

　なお、現状エネファームは、既存のガス供給インフラを利用せざるを得ないため、都市ガスやLPガスを改質して水素を取り出して使用しています。家庭へ水素を供給するためのインフラが整ってくれば、改質器が不要な純水素型の燃料電池が利用できるようになり、エネファームをコンパクト化・低コスト化することができます。

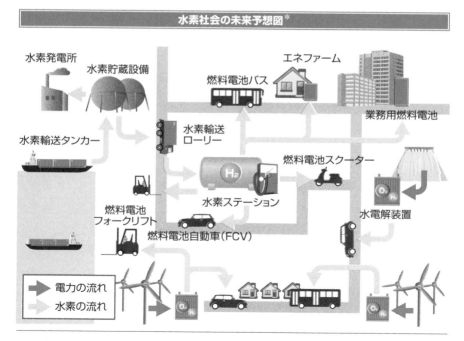

水素社会の未来予想図*

水素発電所
水素貯蔵設備
エネファーム
燃料電池バス
業務用燃料電池
水素輸送タンカー
水素輸送ローリー
燃料電池スクーター
H₂
水素ステーション
水電解装置
燃料電池フォークリフト
燃料電池自動車（FCV）

➡ 電力の流れ
➡ 水素の流れ

第10章　水素社会へ向けて

＊…**の未来予想図**　資源エネルギー庁のホームページ（https://www.enecho.meti.go.jp/category/saving_and_new/advanced_systems/hydrogen/#hellow）より。

10-6

水素社会の扉を開く

水素エネルギーは長い準備期間を経て、今ようやく商用化へ向けて本格的に動き出そうとしています。ただ、水素社会の重い扉を開くには、産官学の連携した取り組みが不可欠であり、多面的な施策を、スピード感をもって実行する必要があります。

▶▶ 水素は商用化のステージへ

数多くの大学や企業などにおいて、水素エネルギーの活用に向けた基礎研究や技術開発が進められています。国や企業は長年にわたり、水素エネルギーの社会実装に向けて、少なからぬ金額の研究開発投資、および少なからぬマンパワーの投入を行ってきました。特に、資本力のある複数の大手企業において、水素を技術開発戦略の中心的なテーマの1つと位置づけ、長期的な視点から継続的に投資を行っていることが見受けられます。このような努力の結果、水素の製造や利用に関する多様な技術が開発されており、経済性やコスト面での課題を別にすれば、個々の技術の多くは既に実用化のレベルに達しています。

一方、経済産業省や環境省の支援を受け、CO_2フリー水素の製造やPower to Gasに関する実証事業が多数進められています。実証事業の成果を活かして、今後さまざまな水素エネルギービジネスが立ち上がってくることが期待されます。

▶▶ 水素社会の扉を開くには？

とはいえ、いま使っているエネルギーを水素エネルギーに転換していく作業は簡単なことではありません。当然のことながら、水素を製造、輸送・貯蔵、利用するための社会インフラの整備が不可欠であるため、十年単位で事業を計画し、実施していく必要があります。

産官学が連携し、さまざまな施策を総動員して、水素エネルギーの社会実装に取り組むことが必須になります。まずは水素社会の下地作りとして、すべての市民に気候変動に対して高い問題意識を持ってもらうため、環境教育や啓蒙活動を不

断に行うことがポイントになるのではないでしょうか。

　そして国は、エネルギー基本計画の中に、水素をより中心的なエネルギーとして位置づけると同時に、規制・補助金・税制などの面から水素エネルギーの導入を支援する必要があります。また、地方自治体は、公共施設に燃料電池を設置したり、公営バスにFCバスを導入したりするなど、水素利用の普及を具体的に支援する必要があります。

　一方、産業化に向けては、水素を既存のエネルギーと同程度のコストで利用できるよう、水素のコスト低減を進めなくてはなりません。大学や企業に対しては、水素の低コスト化に向けた技術の開発が期待されます。

　経営学には、規模の経済性や経験曲線効果というキーワードがあるのですが、水素エネルギーを大きな産業に育てていくには、このキーワードを実際に活かすことがポイントになります。たとえば、水素を燃料として大量に利用する水素発電の商用プラントを早期に稼働させることで、水素の製造面において規模の経済性を確保し、製造コストを下げることができます。また、水素の累積生産量が増えるにしたがい、経験曲線効果により製造コストは低下していきます。

　このように水素の需要を創出することで、水素の製造コストが低下し、コストが低下することで新たな需要が創出される、という好循環を作り出すことで、水素エネルギーは大きな産業に育っていくことになるのです。

第10章　水素社会へ向けて

扉を開くための施策

国
規制・補助金・税制などの面から支援

自治体
燃料電池の設置、FCバスの導入など、率先利用

大学・企業
水素の製造や利用を低コスト化する技術開発

環境教育、啓蒙活動　　　規模の経済性、経験曲線効果

| 参考資料 | 日本の主な水素エネルギー実証プロジェクト一覧 |

プロジェクト	概要	参画企業	該当章節
褐炭を利用した国際的な水素サプライチェーンの構築	・オーストラリアのラトロブバレーの褐炭を利用 ・豊富で低コストの未利用化石燃料資源を用いて水素を製造 ・日本へ液化水素を海上輸送	(HySTRA) 川崎重工、岩谷産業、シェルジャパン、電源開発、丸紅、ENEOS、川崎汽船	9-6 2-12
有機ハイドライドを利用した国際的な水素サプライチェーンの構築	・ブルネイのLNGプラントのプロセス発生ガスから水素を製造 ・水素とトルエンを化学反応させて、MCHに変換 ・常温常圧で液体のMCHをISOタンクコンテナに充填して、日本まで海上輸送	(AHEAD) 千代田化工建設、三菱商事、三井物産、日本郵船	10-2 5-4 2-12
選手村地区エネルギー事業	・東京オリンピック選手村の近くに水素ステーションを設置し、全長1.2kmの水素パイプラインを敷設 ・純水素型燃料電池を用いて、電気と熱を供給 ・なお、オリンピック後は、選手村は巨大な「水素タウン」として再整備	東京ガス、晴海エコエネルギー、ENEOS、東芝、東芝エネルギーシステムズ、パナソニック	10-3 5-3
再エネ利用水素システムの事業モデル構築と大規模実証	・福島県浪江町の「福島水素エネルギー研究フィールド（FH2R）」で実施 ・設備容量2万kWの太陽光パネルで発電 ・水素製造設備（1万kW級）を用いて、水を電気分解して水素を製造	NEDO、東芝エネルギーシステムズ、東北電力、岩谷産業	10-4 (4-3)
CO_2フリーの水素社会構築を目指したP2Gシステム技術開発	・山梨県甲府市に、10MWの太陽光パネルを設置 ・太陽光発電の不安定な部分の電力を用いて、水電解水素製造装置により、年間45万Nm^3の水素を製造	山梨県、東レ、東京電力、東光高岳	9-7
協調制御を用いた再エネ電力の最大有効活用技術	・北海道稚内市で実施 ・水電解装置、蓄電池、水素混焼エンジンの協調制御システムにより、短周期・長周期変動緩和や下げ代不足対策を行う	日立製作所、北海道電力、エネルギー総合工学研究所	9-8
建物付帯型の水素エネルギー利用システム	・福島県郡山市総合地方卸売市場内で実施 ・太陽光発電、水電解装置、水素貯蔵装置（水素吸蔵合金）、燃料電池、蓄電池で構成 ・BEMSで一元的に監視・制御し、利用を最適化	清水建設、産業技術総合研究所	9-9

おわりに

■再生可能エネルギーと水素エネルギーを両輪に脱炭素社会へ

　皆さんは「気候非常事態宣言（Climate Emergency Declaration：CED）」というキーワードをご存知でしょうか。気候非常事態宣言とは、国、自治体、大学などの組織が気候変動の危機を認識して非常事態宣言を行い、気候変動を緩和するために積極的な政策を打ち出したり、市民や事業者などの関心を高めたりすることをいいます。

　2016年12月にオーストラリアの地方都市が最初に気候非常事態宣言を出しました。その後この動きは広がりをみせ、世界各国で1,200を超える自治体が気候非常事態宣言を出しています。

　日本では、2019年9月に長崎県壱岐市が気候非常事態宣言を出したのを皮切りに、神奈川県鎌倉市や長野県など、25を超える自治体に広がっています。たとえば、長野県は気候非常事態宣言の中で、2050年には二酸化炭素（CO_2）の排出量を実質ゼロにする決意を表明し、徹底的な省エネルギーと再生可能エネルギーの普及拡大などを推進するとしています。

　このように世界各国や日本の自治体などに気候変動問題への危機意識は広がっており、これを受けて市民の間にも危機感が共有されるようになっているのです。

　気候非常事態宣言を出した自治体の多くは、2050年のCO_2排出量の実質ゼロを目標に掲げています。CO_2排出ゼロはたいへん高いハードルであり、目標を達成するには省エネへの取り組みや再生可能エネルギーの導入拡大のみならず、あらゆる施策を総動員する必要があります。

　そこで期待を集めるのが、水素エネルギーの活用です。水素エネルギーは利用時にCO_2の排出がないことに加え、太陽光や風力発電で生じた余剰電力を水素に変換して貯蔵することで、余剰電力を有効利用することができます。水素をエネルギーシステムの中に上手く組み込むことで、安定的で効率的なエネルギーシステムを構築できるのです。

　CO_2排出量がゼロの脱炭素社会の実現に向けては、再生可能エネルギーと水素エネルギーを両輪とした電力エネルギーインフラを新しく構築していく必要があります。再生可能エネルギーと水素エネルギーは切り離して考えるのではなく、両方とも自立・分散型のエネルギーシステムを構成する要素として捉えることがポイントになります。

　水素を活用して太陽光や風力発電の出力変動や余剰電力を吸収することにより、太陽光や風力といった変動電源の導入拡大をサポートすることができます。同時にそれは、再生可能エネルギーを活用してCO_2フリー水素を製造するということでもあるのです。

■水素社会の構築を加速させるための施策

　本書の締めくくりとして、水素エネルギーの社会実装を後押しすべく、筆者が考える2つの施策を提案します。

　第1に、「比較的規模の小さな水素発電（数千〜数万kW）を自立・分散型の電源として多数導入する」ことがあげられます。水素発電はSO_xのような大気汚染物質の排出がないため、環境規制をクリアしやすくなります。立地の制限も少なくなるため、これまで発電所を建設できなかった場所にも建設できる可能性があります。適地を選定した上で、地域ごとに水素発電所の建設を進め、エネルギーの地産地消を進めます。

　加えて、水素発電の廃熱を回収して熱を供給するコージェネレーションシステムにすることで、高いエネルギー効率で運用することができます。また、水素発電の導入量が増えるにしたがい、従来の化石燃料を用いた火力発電所は、古い石炭火力発電所などのCO_2の排出量が多いところから順次閉鎖していくことで、CO_2の排出を大幅に削減することができます。

　第2に、「ロボットやドローンに搭載する燃料電池を開発する」ことがあげられます。燃料電池は蓄電池に比べ、長時間の給電に向いています。たとえば、レスキュー用に開発が進められているロボットやドローンなどでは、できるだけ長い時間電力を供給できることが求められます。ロボットやドローンは今後用途が拡大していくにしたがい、市場も拡大していくことが期待できます。ロボットやドローン用の電源として燃料電池の普及が進めば、燃料電池のコストダウンにつながり、それがさらに他の用途での燃料電池の採用拡大につながっていくのです。

　いかがでしょうか。水素社会への扉は、今まさに開かれようとしています。

2020年　晩夏を惜しむ蝉の声を聞きながら
今村　雅人

石井淳蔵·奥村昭博·加護野忠男·野中郁次郎「経営戦略論 新版」有斐閣，1996年.

市川勝「水素エネルギーがわかる本」オーム社，2007年.

今村雅人「図解入門ビジネス 最新 再生エネビジネスがよ～くわかる本」秀和システム，2016年.

今村雅人「図解入門ビジネス 最新 省エネビジネスがよ～くわかる本」秀和システム，2018年.

今村雅人「図解入門ビジネス 最新 新エネルギーと省エネの動向がよ～くわかる本」秀和システム，2012年.

木船辰平「図解入門よくわかる 最新 発電·送電の基本と仕組み 第3版」秀和システム，2016年.

クレイトン·クリステンセン（伊豆原弓訳）「イノベーションのジレンマ 改訂版」翔泳社，2001年.

経済産業省編「エネルギー白書2019」日経印刷，2019年.

齋藤勝裕「知っておきたいエネルギーの基礎知識」ソフトバンク クリエイティブ，2010年.

新エネルギー·産業技術総合開発機構編「NEDO水素エネルギー白書」日刊工業新聞社，2015年.

水素エネルギー協会編「水素エネルギーの辞典」朝倉書店，2019年.

水素エネルギー協会編「トコトンやさしい水素の本 第2版」日刊工業新聞社，2017年.

デロイト トーマツ コンサルティング「第三次エネルギー革命」エネルギーフォーラム，2019年.

西脇文男「日本の国家戦略『水素エネルギー』で飛躍するビジネス 198社の最新動向」東洋経済新報社，2018年.

マイケル·E．ポーター（土岐坤訳）「競争優位の戦略」ダイヤモンド社，1985年.

本橋恵一「図解入門業界研究 最新 電力·ガス業界の動向とカラクリがよ～くわかる本 第4版」秀和システム，2017年.

横山明彦「新 スマートグリッド 電力自由化時代のネットワークビジョン」日本電気協会新聞部，2015年.

索
引

著 者

今村　雅人（いまむら　まさと）
環境エネルギーライター /ビジネスライター

1962年熊本県生まれ。
国立八代工業高等専門学校機械電気工学科卒業。
慶應義塾大学経済学部（通信教育課程）卒業。
産能大学大学院経営情報学研究科（MBA）修了。

化学メーカー住宅設備機器部門の設計部技師を経て現在、有限会社キーアドバンテージ代表取締役。経営コンサルタント。中小企業診断士。

2004年からライターとして、取材・執筆を手掛けている。
大学の最先端の研究やベンチャー企業経営に関する取材記事を250件以上執筆。
特に、環境エネルギー分野の取材・執筆を得意とする。
また、各産業のリサーチやリポートのクオリティの高さには定評がある。

主な著書
『図解入門ビジネス 最新 省エネビジネスがよ～くわかる本』
『図解入門ビジネス 最新 再生エネビジネスがよ～くわかる本』
『図解入門ビジネス 最新 新エネルギーと省エネの動向がよ～くわかる本』
以上、秀和システム。

図解入門ビジネス

**最新 水素エネルギーの仕組みと動向が
よ〜くわかる本**

発行日	2020年 10月10日	第1版第1刷
	2023年 9月25日	第1版第5刷

著 者　今村　雅人

発行者　斉藤　和邦

発行所　株式会社　秀和システム

〒135-0016
東京都江東区東陽2-4-2　新宮ビル2F
Tel 03-6264-3105（販売）　　Fax 03-6264-3094

印刷所　三松堂印刷株式会社

ISBN978-4-7980-6011-8 C2034